KB105666

4차 산업혁명
무엇을 알고 어디에 투자할 것인가

8가지 메가 트렌드로 살펴보는 2023 미래 시나리오

4차 산업혁명 무엇을 **알고** 어디에 **투자할 것인가**

안석훈, 배정훈, 파우스트 지음

제4차 산업혁명, 미래가 주는 기회

"문과라서 그런지 정말 이해하기 어렵다."

2018년 1월 국회 4차산업혁명 특별위에서 반복적으로 튀어나온 이야기이다. 학력과 전공을 불문하고, 제4차 산업혁명과 관련된 기술은 이해하기 어려운 데가 많다. 이런 와중에 일반 투자자들은 그야말로 '문송文科라서 죄송하는 수밖에 다른 방법이 없는 걸까? 좀처럼 페이지가 넘어가지 않는 미래 예측서들을 고달프게 읽으며, 장님 코끼리 더듬듯 남들 따라 최신 기술 기업에 투자하는 것이 최선일까?

확실한 것은 가히 혁명적이라 할 만한 변화의 시대마다 큰 투자의 기회가 있어 왔다는 점이다. 격변은 항상 우리에게 삶을 변화시킬 기회, 나아가 큰 부자가 될 투자의 기회를 주었다. 멀리는 증기기관과 교통수단의 발달부터, 근래에는 인터넷 시대가 그러했듯, 제4차 산업

5

혁명은 우리 삶의 모습을 바꾸고 다음 세대의 부자를 바꿔놓을 것이다. 그러므로 우리는 막연한 개념이 아닌 '현실로서의 제4차 산업혁명'을 파악해야 한다. 가장 좋은 방법은 제4차 산업혁명을 현실화시키고 있는 기업들의 움직임에서 눈을 떼지 않는 것이다. 진행되고 있는 변화의 핵심은 기술이지만, 그 기술을 선도하고 있는 것은 기업이기 때문이다. 선도 기업들이 만들어나가는 미래가 곧 우리가 만나게 될 세상이며, 그 안에 투자의 기회가 존재할 것이다.

이 책은 지금 세상의 변화를 만들어나가고 있는 주요 기업과 CEO들, 4차 산업의 실제 종사자들 등이 선보이는 최신 기술과 수년 이내 현실이 될 미래 조감도를 통해 '(간접) 체험 가능한 4차 산업혁명'을 독자들에게 선사한다. 또한 국내외를 망라한 관련 기업과 투자 전망을 제공한다.

저자들은 지난 수년간 다방면으로 4차 산업 선도 기업들이 준비 중인 미래를 조사하였다. 최첨단 기술의 각축장이라 할 CES^{소비자가전전시회}에 참석하여 눈으로 직접 세계 최고의 기업들이 만들어나가는 근미래와 그들의 비전을 확인하였다. 이를 통해 3가지 C와 5가지 테크로 설명되는 4차 산업의 메가 트렌드를 파악하였다. 이들 8가지 트렌드만 알면 지금 진행 중인 변화의 핵심을 알고, 어지간한 4차 산업 관련 이야기를 이해할 수 있을 것이다. 또한 '변화의 방향성'을 이해함으로써 4차 산업혁명에 대한 통찰력을 가지고 미래에 대비하는 데 도움이 되리라 확신한다.

또한 애플, 엔비디아, 어도비 등 4차 산업혁명의 헤드쿼터라 할 실리콘밸리에서 관련 업무에 종사 중인 전문가 9인을 인터뷰하였다. 빅데이터 마케팅, 무선 네트워크, 자율주행, 사물인터넷, 반도체아날로그 회로·FPGA, 빅데이터 분석처리, 로봇 등 4차 산업의 최전선에 선 전문가들이 최근 현황과 미래 전망을 제시한다.

이어서 제4차 산업혁명을 주도하고 있는 관련 기업들을 전 세계, 아시아, 대한민국 순으로 정리하였다. 이들 기업은 앞으로 우리에게 부의 기회를 안겨줄 곳들로, 최소한 앞으로 10년간은 그 입지가 흔들리지 않을 만한 저력을 지녔다. 특히 대한민국의 '진짜 4차 산업 관련주'들은 투자자라면 반드시 주목해야 할 곳들이다.

CONTENTS

PART 1

앞으로 5년,
99%의 확률로
당신이 겪게 될
변화 _ 무엇이 바뀌는가

진짜 중요한 것은 현재 우리에게 일어나고 있는 변화를 제대로 인지하는 것이다.

앞서 말했듯 제4차 산업혁명은 매우 빠른 속도로 진행되고 있는 현실이다. 우리는 미래라는 코끼리의 다리를 더듬는 장님이 아니라, 현재라는 퍼즐을 통해 미래의 모습을 예측해나가는 탐정이 되어야 한다. 즉, 지금 눈앞에 벌어지는 변화에서 실마리를 찾을 필요가 있다. 그 과정에서 모호함이 걷히고, 진행 중인 변화가 보다 또렷하게 보이며, 나아가 오늘을 바탕으로 내일 벌어질 일들을 예상할 수 있게 될 것이다.

다음 광고를 보자. 조명이 비치는 무대 위. 객석을 가득 채운 관객들이 지켜보는 가운데, 사회자가 마주 앉은 최후의 1인에게 묻는다.

"이 퀴즈의 마지막 질문! 당신의 인터넷뱅킹 비밀번호."

최후의 1인은 기억을 더듬어 보지만 시간만 흘러가는 가운데, 무심코 꺼내든 스마트폰이 그의 얼굴을 인식해 로그인이 이루어진다. 곧이어 "당신의 얼굴이 당신의 비밀번호"라는 카피가 화면을 채우며 광고가 마무리된다. 2018년 7월, 애플이 내놓은 새로운 아이폰X 광고이다. 국내에는 8월부터 방영되고 있다. (유튜브에서 '아이폰X 퀴즈' 영상을 찾아보라.)

이 광고가 우리에게 시사하는 것은? 미래에는 더 이상 비밀번호를 설정하고 외울 필요가 없다는 사실이다. 그리고 그 미래는 과거 핸드폰 잠금번호와 패턴인식이 현재의 지문인식과 홍채인식, 안면인식으로 변화했듯 기술 발전을 거쳐 또 다른 형태로 등장할 것임을 우리 모두가 익히 짐작하는 바이다.

이처럼 미래는 어느 순간 갑자기 나타나는 것이 아니라, 과거의 어느 날로부터 지금의 오늘을 거쳐 내일을 지나며 서서히 모습을 드러낸다. 즉, 미래를 알고 싶다면 그 단초가 될 오늘을 바라봐야 할 것이다.

당신이 그리는 미래의 모습은 어떠한가? 당신이 미래에 바라는 것, 또는 두려워하는 일은 정말 일어날까? 미래를 대비하기 위해 우리는 무엇을 알아야 하며, 어떤 일을 해야 할까? 이에 대한 해답을 찾기 위하여, 지금의 우리를 통해 미래의 우리를 예측해보자.

앞으로 5년, 99%의 확률로 당신이 겪게 될 변화

현재가
보여주는 미래

────

코크타운은 붉은 벽돌 건물이 가득한 산업도시다. 중략 도시에는 새까만 하천이 흐르는데 악취를 풍기는 염료 때문에 강물은 짙은 보라색이고, 거대한 건물이 잔뜩 늘어서서 창문마다 온종일 덜덜 떨며 덜컹대고, 증기기관 피스톤이 우울한 광기에 사로잡힌 코끼리 머리처럼 단조롭게 올라가고 있다.

—《어려운 시절》 찰스 디킨스 지음, 김옥수 옮김

1853년 출간된 찰스 디킨스의 소설 〈어려운 시절〉 중 한 대목이다. 디킨스는 산업혁명이 한창이던 영국 빅토리아 시대19세기를 대표하는 작가이다. 19세기 사람들에게 백여 년 전부터 시작된 시대의 변화는 가히 혁명적인 것이었다. 1776년 상업용 증기기관이 시운전을 시작한 이래, 수십여 년 만에 도시의 풍경이 완전히 바뀌었던 '격변'의 풍경이 지금도 많은 문학작품과 미술작품 속에 남아 있다.

그리고 디킨스의 소설 속 풍경으로부터 200년이 채 지나지 않은 오늘날, 지금 인류는 또 다른 단계의 미래를 준비하고 있다. 이 과정을 우리는 '제4차 산업혁명'이라고 부른다. 우리가 맞이하고 있는 산업혁명이 벌써 4번째이기 때문이다.

인류의 삶은 지난 3차례에 걸쳐 일어난 산업혁명을 겪을 때마다 크게 변했다.

알다시피 제1차 산업혁명은 석탄과 증기기관을 통해 기계화를 이끌었고, 제2차 산업혁명은 전기의 발명과 컨베이어벨트를 통해 산업화와 분업화를 이끌었으며, 제3차 산업혁명은 반도체와 컴퓨터를 통해 자동화를 이끌었다. 이를 시기별로 보자면, 제1차 산업혁명이 발생하기 시작한 것은 18세기 중반이었고, 제2차 산업혁명은 그로부터 한 세기 이상 지난 19세기 중후반에, 그리고 또다시 한 세기가량 흐른 시점에 제3차 산업혁명이 시작되었다. 그런데 제3차 산업혁명이 진행된 지 몇십 년 되지 않은 21세기 초반, 즉 지금 시대의 우리에게 다음 산업혁명의 물결이 밀려오고 있는 것이다. 산업혁명 이전 시대까지 감안하자면, 인류의 기술 발전은 18세기까지 매우 완만한 상향 곡선을 그리다가 그 이후 점점 더 가파른 상승을 보인다.

이처럼 산업혁명을 통해 일어나는 변화의 속도와 크기는 회를 거듭할수록 빨라지고 거대해지고 있다. 지금의 제4차 산업혁명은 '대격변'이라고 할 만큼 그 속도와 크기를 감히 가늠하기 어렵다.

제4차 산업혁명, 알 듯 모를 듯 가까이 있지만 멀게 느껴지는 그것

제4차 산업혁명이라는 용어는 2016년 세계 경제 포럼 WEF, World Economic Forum에서 처음 언급되었다. 이후 정보통신기술 ICT 기반의 새로운 산업 시대를 대표하는 용어로 자리매김했다. 컴퓨터, 인터넷으로 대표되는 제3차 산업혁명에서 한 단계 더 진화한 국면으로도 일컬어진다. 한국정보통신기술협회 TTA는 제4차 산업혁명을 다음과 같이 정의하고 있다.

제4차 산업혁명 [The Fourth Industrial Revolution, 第4次 産業革命]
인공지능, 사물인터넷, 빅데이터, 모바일 등 첨단 정보통신 기술이
경제·사회 전반에 융합되어 혁신적인 변화가 나타나는 차세대 산업혁명

제4차 산업혁명은 단순히 산업 환경을 변화시키는 데서 나아가 우리 개개인의 삶에 디지털을 편입시키고 있다. 지금 당신의 주변을 둘러보라. 직장동료나 친구, 선후배 중 위의 정의에서 언급된 사물인터넷이나 빅데이터, 모바일이라는 말을 못 들어본 사람이 있겠는가? 인공지능은 또 어떤가? 직장인들의 회식 자리는 물론이고 심지어 아이들 학원가에서조차 '인공지능으로 인한 일자리 대체' 문제가 심심찮게 화두가 될 정도이다. 이처럼 우리는 제4차 산업혁명을 비롯한 여

러 가지 용어와 개념들에 대해 어느 정도 익숙해져 있다.

그러나 주변 사람들에게 "제4차 산업혁명이 무엇이냐"고 묻는다면 어떨까? 블록체인, 핀테크, 3D 프린팅, 차세대 네트워크, 클라우드 등 온갖 용어들이 난무하겠지만 종래는 '어려운 이야기'로 귀결될 것이다. 기술에 대한 이해가 없으면 도무지 개념을 가늠하기 어렵고(이는 비트코인 광풍 때 '블록체인의 이해'에 대한 강의를 듣거나 책을 사 본 사람들이 모두 경험한 바다), 범위 또한 매우 넓어서 한두 가지 기술 발전은 제4차 산업혁명의 단면만을 비출 뿐이다. 필자 역시 다양한 분야의 종사자들과 제4차 산업혁명에 관한 이야기를 자주 나누는데, 그러다 보면 코끼리 다리 만지는 장님이 된 듯 느껴질 때가 많다.

이렇듯 우리 대다수 평범한 사람들에게 제4차 산업혁명은 '모호한 것'이다. 분명 내 삶에 가까이 와 있는데, 이게 뭔지 이해하기가 어렵다. 심지어는 지금의 시기가 제4차 산업혁명이 아니라 제3차 산업혁명의 연장선상에 있다는 주장, 제4차 산업혁명은 말장난이라는 주장도 있다. 이쯤 되면 머릿속이 혼란해지기 시작하며, 이런 생각이 들기도 한다.

'제4차 산업혁명을 대체 어떻게 이해해야 할까? 아니, 내가 이해할 수나 있는 걸까?'

여기서 다시 제4차 산업혁명의 정의와 개념에 대하여 논하는 것은

앞으로 5년, 99%의 확률로 당신이 겪게 될 변화

무용한 일이다. 이미 제4차 산업혁명이란 물결 위에 올라탄 우리의 상황에서는 별로 중요한 이야기가 아니기도 하다.

진짜 중요한 것은 현재 우리에게 일어나고 있는 변화를 제대로 인지하는 것이다.

앞서 말했듯 제4차 산업혁명은 매우 빠른 속도로 진행되고 있는 '현실'이다. 우리는 '미래'라는 코끼리의 다리를 더듬는 장님이 아니라, '현재'라는 퍼즐을 통해 미래의 모습을 예측해나가는 탐정이 되어야 한다. 즉, 지금 눈앞에 벌어지는 변화에서 실마리를 찾을 필요가 있다. 그 과정에서 모호함이 걷히고, 진행 중인 변화가 보다 또렷하게 보이며, 나아가 오늘을 바탕으로 내일 벌어질 일들을 예상할 수 있게 될 것이다.

이를 위해 이 책에서는 현재 우리에게 일어나고 있는 변화를 제4차 산업혁명이라고 칭하고, 그 변화의 본질에 대해 정리해보자.

첫 번째 퍼즐 : 지능화

대중들이 제4차 산업혁명에 큰 관심을 가지게 된 가장 큰 계기는 뭐니 뭐니 해도 '상상 이상으로 진화한 인공지능의 출현'일 것이다. 특히 한국인들의 뇌리에는 2016년에 있었던 인공지능 알파고AlphaGo와 바둑기사 이세돌 9단의 대결이 깊이 박혀 있다. 이는 '어쩌면 기계가 인간을 뛰어넘을 날이 올지도 모른다'는 막연한 예상이 마침내 '앞으로 인간은 (특정 분야에서는) 절대 인공지능을 이길 수 없을 것'이란 확신으로 바뀐 충격적인 경험이었다. 이 대결을 전후하여 언론들은 해외 대학과 연구소들에서 진행된 미래 직업에 대한 연구를 앞다퉈 소개하기 시작했는데, '현존하는 직업의 절반이 20년 이내 사라지고 인공지능으로 대체될 것'이라는 옥스퍼드 대학교의 보고서가 대표적이었다. (이 보고서를 비롯하여 유사한 내용의 조사 결과들이 지금까지 계속해서, 엄청나게 회자되고 있다.)

이렇게 제4차 산업혁명은 단순히 경제 분야 석학들의 용어가 아니라, 개인의 미래와도 직결되는 변화로써 우리 삶에 더욱 가까이 다가왔다. 당장 십 년 이십 년 후 나와 내 자녀의 일자리를 좌우할 수 있는 것이 바로 제4차 산업혁명인 것이다. 지금 이 책을 읽는 독자 가운데도 '기계인공지능가 인간을 대체할 수 있다'는 데 두려움을 느끼는 분들이 많을 것이다. 이는 제4차 산업혁명의 핵심, 즉 '지능화'라는 특징 때문이다.

다음의 표와 같이 제4차 산업혁명은 한 마디로 '기계문명의 지능화 단계'라 할 수 있다. 2010년을 기점으로 산업 변화의 핵심은 인공지능AI(Artificial Intelligence)에 있으며, 빅데이터Big Data와 이동형 전원공급장치인 배터리가 그 근간이 된다. 짧게 설명하자면, 인공지능은 빅데이터를 통해 학습을 한다^{22페이지 '딥러닝 그리고 머신러닝' 참고}. 이를 가능하게 하는 것은 24시간 학습할 수 있도록 에너지를 공급하는 배터리가 있기 때문이다.

제4차 산업혁명 시대에 인공지능은 어디에나 존재하며 모든 것을 학습한다. 세계 최대의 첨단 정보기술 전시회인 CES 2018은 앞으로 우리 삶이 '어디에나 있는 인공지능^{AI, Everywhere}'과 함께 진보하리란 것을 확실하게 보여주었다. CES에 참가한 거의 모든 기업의 제품에 인공지능이 탑재되어 있었는데, 흔히 보아온 스마트폰이나 스피커는 물론이고, 집 안에 존재하는 모든 가전에 연동되어 사용자의 생활 및 소비패턴에 맞춤형 서비스를 제공하는 수준까지 이르렀다. 접객 서비스 또한 무인화가 가능해져 인공지능이 고객을 상대하고 결제 업무를 담당한다. 일본에서는 고객의 얼굴을 인식해 단골을 알아보고 대화하는 인공지능 로봇이 실제 편의점에 등장하기도 했다.

이처럼 진화 중인 인공지능의 근간은 첫째, 빅데이터이다. 빅데이터 없이 인공지능은 존재할 수 없다. 인간도 외부자극이 주어지지 않으면 백지상태에서 성장할 수 없듯, 인공지능이 진화하기 위해서는 학습의 재료가 필요하다. 그것이 바로 빅데이터이다. 인공지능이 사람의 음성과 얼굴을 인식하고, 나아가 인간의 행위와 감정에 대응할 수 있는 것은 엄청난 양의 데이터 덕분이다. 당신이 시리^{Siri}에게 한 명령어, 빅스비^{Bixby}에게 물어본 질문 하나하나가 모두 빅데이터의 일부가 되어 자연어 처리 능력을 향상하는 데 도움을 주고 있다. 지금 이 순간에도 전 세계에서 어떤 형태로든 인공지능과 접촉 중인 인간의 행위 혹은 상태가 모두 빅데이터로써 축적되고 있다. 그 결과 오늘날 인공지능의 학습 능력은 더 이상 인간의 개입을 필요로 하지 않는다.

두 번째 인공지능의 근간은 배터리이다. 인공지능이 탑재된 기계가 플러그를 꽂지 않은 상태로 전원이 단 몇십 분만에 꺼져버린다면? 충분한 양의 데이터를 확보할 수도, 또 필요로 하는 순간 그 무엇도 제공할 수 없을 것이다. 고효율 고성능의 배터리가 확보되지 않으면 인공지능은 입력과 출력, 양면에서 무용지물이 되어버린다.

인공지능은 더 많은 데이터를 축적할수록 학습속도가 빨라지고 정확도가 향상된다. 현재 인류는 매년 50억 테라바이트^{5제타바이트}의 데이터를 만들어낸다고 하는데, 인공지능 칩이 점점 더 많은 곳에 탑재되고 저장장치와 기술이 발전함에 따라 더 많은 데이터들이 인공지능에게 공급될 것이다. 이 같은 빅데이터와, 이를 처리할 만한 에너지 시스템^{배터리}이 바로 인공지능의 근간이며, 이것이 제4차 산업혁명의 핵심인 '지능화'를 견인한다.

앞으로 5년, 99%의 확률로 당신이 겪게 될 변화

구분	제1차	제2차	제3차	제4차
정의	기계화	분업화	자동화	지능화
시점	1784년~	1870년~	1969년~	2010년~
핵심	증기기관	컨베이어벨트	컴퓨터	인공지능
근간	물과 증기, 면직물	전기, 자동차	반도체, 인터넷	빅데이터, 배터리

 딥러닝 그리고 머신러닝

AI를 이야기할 때 많이 등장하는 단어가 2개 있다. 하나는 딥러닝, 다른 하나는 머신러닝이다. 우리말로 하면 딥러닝Deep Learning은 심층학습이고, 머신러닝Machine Learning은 기계학습이다. 딥러닝은 넓은 의미에서 머신러닝의 개념에 포함되고, 머신러닝은 AI개념에 포함된다. 우리가 이에 대해 정확하게 파악할 필요는 없겠지만 간략하게나마 어떤 차이가 있는지는 알아두고 넘어가자.

두 개념의 가장 큰 차이는 정보 처리에 인간이 관여하느냐 안 하느냐 여부이다. 머신러닝의 경우는 사람이 컴퓨터를 학습시켜서 컴퓨터로 하여금 주어진 데이터의 특징을 분석하고 축적하여 답을 이끌어내는 방식이다. 반면에 딥러닝은 인간이 정보 처리에 참여하지 않고 컴퓨터가 주어진 데이터를 바탕으로 스스로 분석하여 답을 찾는 방식이다.

딥러닝과 머신러닝은 그 특성으로 인해 하드웨어의 성능, 데이터의 양, 구하고자 하는 결과의 내용에 따라 선택적으로 사용된다. 우수한 하드웨어와 방대한 데이터를 보유하고 있는 경우에는 딥러닝 방식을 선택하고, 그렇지 않은 경우에는 머신러닝 방식을 선택하는 것이 바람직하다.

딥러닝의 경우 컴퓨터 스스로 답을 찾는 기법이므로 보다 정밀한 학습을 위해 많은 데이터가 필요하고, 방대한 양의 데이터를 처리해야 하므로 하드웨어 성능이 뛰어나야 하며 또 처리시간도 오래 걸린다. 반면에 머신러닝은 처리시간이 짧고 하드웨어 성능에도 큰 제약이 없다는 장점이 있지만 이용자의 많은 지식과 노력이 필요하고, 이용자의 편견이 반영될 수 있다는 단점이 있다.

두 번째 퍼즐 : 미래를 보여주는 현재

제4차 산업혁명의 특징인 '지능화'를 보다 쉽게 체감할 수 있는 방법이 있다. 인공지능[AI]을 검색어로 뉴스를 찾아보는 것이다. 2018년도 하반기의 관련 기사 제목들을 보자.

수면 체크하고 음성 조정까지… 똑똑해진 가구들

"A 직원이 퇴사 준비 중입니다." 이직 징후까지 찾아내는 AI

"이 돼지가 네 돼지 맞느냐?" 중국 AI는 척 보면 압니다

"연체 중입니다, 빚 갚으세요." AI가 전화를 걸어왔다

23

"AI, 내 옷 어때?" IT 만나 더 똑똑해진 패션

2021년 개원 의정부 을지대병원 '인공지능 종합병원' 된다

"인공지능 판사?" 기술 발달이 던지는 잔인한 질문

"인공지능이 나를 심사한다고? 어떻게?"

에듀테크 빅뱅… AI 교사 5년 내 나온다

IBM "AI 편향성 논란, 그것도 AI가 잡아낸다"

기사 제목을 잠깐 훑어보는 것만으로도 머리가 아득해질 것이다. 제조업은 물론 도소매업, 서비스업 등 전방위적으로 인공지능이 다양한 방식으로 도입되고 있음을 알 수 있다.

눈 여겨볼 것은 보험이나 이민 등의 심사역, 판사와 변호사, 의사, 교사 등 '판단'이 필요한 분야에서 인공지능 도입이 대두되고 있다는 점이다. 이제까지 우리는 기계의 장점이 빠른 연산 속도 그리고 (기계는 지치지도 싫증 내지도 않기에) 반복 작업에 있다고 믿어왔다. 즉, 과거 우리는 기계가 '사고하고 판단하며 창조'하는 인간의 영역을 침범하리란 생각을 하지 못했다. 아니, 하지 않았다.

그런데 제4차 산업혁명은 어떤가? 우리는 매일 인간성의 영역에 대한 기존 사고가 깨지는 경험을 하고 있다. 그 결과 기술의 변화는 그 기술을 사용하는 우리의 인식까지 크게 바꾸는 중이다. 일례로, 청와

대 국민청원 게시판에는 '인공지능 판사를 도입해달라'는 청원이 2018년 한 해에만 60여 건 올라왔다. 또한 길병원 환자들을 대상으로 한 설문조사 결과, '인간 의사와 인공지능 의사의 진단 의견이 다를 경우 인공지능 의사를 더 신뢰한다'고 대답한 비율이 100%에 달했다. 실제 길병원에서는 2017년부터 IBM의 인공지능 플랫폼 중 암 진단 시스템인 왓슨 포 온콜로지Watson for Oncology를 병행 진료에 사용하고 있다. 진료 석 달째에 진행한 환자 대상 설문조사 결과 환자 및 보호자의 만족도가 10점 만점에 9점을 넘었다.

과거 제3차 산업혁명으로 인해 상당수의 공장 노동자들이 자동화 시스템에 일자리를 빼앗겼다. 제4차 산업혁명의 인공지능은 지금껏 고도 인재로 여겨졌던 전문직 인력들의 영역을 넘보고 있다.

인공지능이 과연 인간의 지성을 얼마나 대체할 수 있을 것인가? 이에 관한 논의는 분분하다. 심지어 《사피엔스》를 쓴 유발 하라리Yuval Noah Harari / 히브리대 역사학과 교수처럼 앞으로 문명의 결정권이 인류에서 인공지능으로 넘어가리라 주장하는 사람도 있다. "앞으로 5~10년 내 인공지능이 인류를 앞설 것"이라는 그의 말이 현실이 될지 혹은 기우에 그칠지는 알 수 없다. 그러나 제4차 산업혁명의 '지능화'라는 특성으로 인하여 "인류는 어떤 미래가 될지 궁금해하기보다 다가올 미래를 어떻게 살아낼지 고민할 차례가 됐다."유발 하라리 방한 기념 기자 간담회, 채널예스,

25

"는 것만큼은 확실하다.

지금 필요한 건? 막연한 개론에서 벗어나 실재를 이해하는 것

'제4차 산업혁명 시대의 삶'과 관련하여, 평범한 대다수 사람들에게 가장 크게 다가오는 것은 일자리 문제이다.

2018년 9월, 미국의 한 대학 교수는 자율주행 기술이 상용화되면 약 30만 명의 미국 내 장거리 트럭 운전사들의 일자리가 없어질 수 있다는 연구 결과를 발표했다. 육상운송 관련 일자리는 미국 내 화물운송의 70%를 담당하고 있으며 현재 200만 개에 달한다. 이 같은 상황에서 전체의 10% 이상이 사라진다는 것은 앞으로 미국 육상운송 산업의 구조 자체가 바뀌게 될 것임을 의미한다. 더욱이 자율주행 기술이 상대적으로 임금수준이 높은 장거리 화물운송에 적용될 것이므로, 화물운송 노동자들이 임금수준이 낮은 단거리·지역 배송으로 내몰릴 수 있다.

2016년 가을, 국내 한 기관이 제4차 산업혁명과 일자리 증감에 대해 직장인 1,006명을 대상으로 실시한 설문조사 결과, 전체의 45%는 자신이 일하고 있는 직업에서 일자리가 줄어들 것이라고 응답했다. 그리고 2017년 5월, 국내 한 구인구직 전문기업이 제4차 산업혁명과

26

고용환경에 대해 119개 기업을 대상으로 실시한 설문조사에서 전체의 49%가 앞으로 채용규모가 축소될 것이라고 응답했다.

흥미로운 것은 2가지 설문조사 모두 응답자의 30% 이상이 향후 5년 이내(5년은 정말 눈 깜짝할 사이에 지나간다!)에 일자리가 감소할 것이라고 답했다는 사실이다.

이처럼 제4차 산업혁명은 다가올 미래인 동시에 지금 이 순간 진행 중인 현재이다. 하지만 대부분의 사람들이 무엇이 어떻게 변하고 있는지 잘 모른다. 이러한 상황은 앞으로도 한동안 변하지 않을 것이다. 하루가 다르게 너무나도 빠른 속도로 변하고 있기 때문이다. 그럼에도 불구하고, 우리는 4차 산업혁명을 알아야만 한다. 아니, 적어도 알기 위해 노력해야 한다.

다시 일자리 이야기로 돌아가 보자. 전 세계인들이 인공지능으로 인한 '실직 위기'에 불안을 느끼고 있다. 기업들도 제4차 산업혁명으로 인해 불어닥칠 산업 구조의 변화에 민감해지기 시작했다. 직업은 생계이고, 생계는 곧 생존의 문제이다. 생존에 위협을 느낀다면 당연히 그 위기의 실체를 파악해야 하지 않겠는가? 그래야 어떤 식으로든 대응할 수 있을 테니 말이다.

일자리에 관한 필자의 생각은 이렇다. ─출산율 0%대의 인구절벽 시대를 맞이하고 있는 상황에서 미래의 일자리를 걱정한다니, 어찌 보면 난센스 같은 일이다. 지금의 추세라면 일자리보다 일손이 부족할 것이 자명하다. 우리에게 필요한 것은 막연한 걱정 따위가 아니다. 자신의 직업이 4차 산업혁명 시대에 어떤 영향을 받을 것인지를 예측하고, 산업 환경의 변화에 따른 경쟁력을 갖출 준비를 해야 한다. 혹은 제4차 산업혁명 시대에 알맞은 직업을 찾아야 한다. 지금 자녀에게 어떤 공부를 시키고, 미래에 어떤 길을 권할 것인가에 대한 고민도 마찬가지다.

더불어 인공지능(이제부터는 AI라고 부르자)의 일상화에 따른 여러 가지 윤리 문제들도 수면 위로 떠오르고 있다. 자율주행차나 로보 어드바이저, AI 비서, 심지어 AI 무기가 오작동하거나 그릇된 판단을 한다면 어떻게 될 것인가? 감정이 없는 AI가 하는 판단은 과연 인간의 윤리 기준에 부합할 것인가? 제기되는 이런 문제들은 불안해한다고 해서 해결될 종류가 아니다. 상상력을 자극하기는 하지만, 이런 거시적인 문제들은 연구자들에게 맡겨두자.

다시 강조하건대, 우리가 해야 할 것은 미래에 대한 걱정이 아니라 예측과 대비이다. 불안과 두려움은 모호함에서 비롯된다. 일어날지 일어나지 않을지 모르는 미래의 일에 대한 걱정은 앞으로 어떤 일이 어떻게 벌어질지 잘 모르기 때문에 생겨나는 것이다.

제4차 산업혁명을 알기 위해 계속해서 퍼즐을 맞춰나가 보자. 우선 제4차 산업혁명으로 우리에게서 사라질 것들과 우리가 얻게 될 것들에 대해 이해해야 한다. 그 가운데서 확실한 미래의 단초를 찾을 수 있을 것이다.

앞으로 5년, 99%의 확률로 당신이 겪게 될 변화

사라지는 것들

보안, 비밀번호가 사라진다

2004년 2월 마이크로소프트Microsoft의 회장 빌 게이츠Bill Gates는 샌프란시스코에서 열린 세계적인 정보보안 행사인 RSA콘퍼런스에서 비밀번호의 미래에 대해 다음과 같이 말했다.

시간이 지날수록 사람들이 비밀번호를 사용하는 일이 점점 줄어들 것이라는 사실은 의심할 여지가 없다. 여러 다른 시스템에서 동일한 비밀번호를 사용하고, 그 비밀번호를 어디엔가 적어놓는 상황에서는 정말 보호하고 싶은 것을 보호할 수가 없다.

　　　　　　　　　　　　　　　　　　　　　　　　　　　　－빌 게이츠

그의 예언으로부터 14년이 흘렀다. 하지만 비밀번호는 30일마다 변경해야 하고, 과거에 사용한 비밀번호는 다시 사용할 수 없으며, 8자 이상이어야 하고, 영문 대소문자와 숫자 그리고 특수문자를 함께 사용해야 하는 등 오히려 더 어려운 조건을 달고 다닌다. 비밀번호의 종말은 과연 오는 걸까?

2018년 5월 마이크로소프트의 기업 및 보안 부문 수석 프로그램 매니저인 카란비르 싱Karanbir Singh은 공식 블로그를 통해 '패스워드 없는 세계 Building a world without passwords '를 만들겠다는 구상을 발표했다. 그에 따르면 앞으로 "최종 사용자 엔드 유저는 일상생활에서 암호를 다룰 필요가 없"어질 것이다.

아무도 비밀번호를 좋아하지 않는다. 비밀번호는 불편하고, 불안정하며, 비싸다.

— 카란비르 싱

그는 최신 인증 기술로 자사의 윈도10 Windows 10 컴퓨터 사용자들이 비밀번호 없이 더 나은 보안 효과를 누릴 수 있도록 하겠다는 계획이다.

현재 우리에게 비밀번호란 일상생활에서 없어서는 안 될 중요한 요소이다. 이에 마이크로소프트는 일반 사용자가 아닌 기업이 제공하는 환경을 개선함으로써 일반 사용자로 하여금 비밀번호의 사용을 점진적으로 줄이도록 하는 단계별 접근 방식을 설명했다. 그리고 이러한 접근이 현실화되는 순간에 비밀번호를 입력하는 일련의 행위는 더 이상 필요하지 않을 것이다.

앞서 마이크로소프트는 윈도10의 생체인증 로그인 기능인 윈도 헬로 Windows Hello 를 선보였다. 현재까지 윈도헬로 이용자는 전 세계 4,700만 명에 달하고 기업용 버전의 윈도헬로는 100만 대 이상의 기

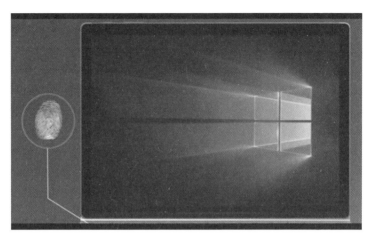

마이크로소프트 윈도헬로 소개영상 일부. 패스워드 입력 대신 지문 센서를 사용해 윈도 PC 잠금해제와 로그인을 할 수 있다.

기에 채택되어 있다고 밝혔다. 또한 마이크로소프트는 모바일 영역에도 비밀번호 대체 기술을 마련했다.

　글의 처음에 예를 들었던 아이폰X 사례에서 보는 바와 같이 흔히 말하는 생체인식, 다시 말해서 바이오메트릭스Biometrics는 우리가 직접 입력하는 비밀번호를 사라지게 할 대표주자이다. 바이오메트릭스는 하나 이상의 고유한 신체적·행동적 형질을 기반으로 사람을 인식하는 방식을 두루 가리킨다. 생체인증, 바이오인증, 생물측정학, 바이오인식, 생체인식, 생체측량 등 다양한 용어로 번역된다.

　바이오메트릭스의 대표적인 기술로는 지문인증, 정맥인증, 얼굴인증, 음성인증, 홍채인증 등이 있다. 인증 방식은 사용자 본인의 지문, 정맥, 얼굴, 음성, 홍채 데이터를 사전에 저장하고 등록한 후 인증이 필요한 시점에 읽어 들인 사용자의 생체 데이터와 동일한지 확인하고 두 데이터가 일치하는 경우에만 잠금을 해제하는 식이다. 기술에 따라 구현 난이도와 비용 문제 그리고 위변조 가능성에 차이가 있지만 머지않아 우리 일상에 자리 잡아 비밀번호를 사라지게 할 것으로 보인다.

자동차, 면허증이 사라진다

마이클, 34세. 미국 로스앤젤레스의 한 회사에 근무하는 직장인이다. 어느 날 샌프란시스코 출장 일정이 잡혔다. 조금 이른 퇴근 후 앱을 이용하여 집으로 차량을 부른다. 장거리 이동인만큼 식사를 해결해야 하니 이동 중에 먹을거리도 함께 주문한다. 잠시 후 집 앞에 도착한 차량에 마이클은 짐을 싣고 탑승한다. 그런데 차량에는 운전석도 핸들도 심지어 엔진룸도 없다. 그저 항공기 퍼스트 클래스 좌석보다 편안한 의자만이 놓여있다.

마이클이 자리를 잡고 앉자 차량이 부드럽게 출발한다. 창문에는 목적지까지의 거리와 시간이 표시되고, 그 옆에는 지도와 교통상황이 나타난다. 고속도로에 진입하자 차량 앞쪽에 모니터가 올라오고 몇 편의 영화를 추천한다. 주문했던 음식을 꺼내면서 보고 싶었던 영화를 선택한다. 늦은 저녁식사와 함께 영화를 한 편 즐긴 후 마이클은 간단히 세수를 하고, 좌석을 넓게 펴서 침대를 만들고 잠을 청한다. 마이클이 잠든 후 두어 시간 남짓 달린 차량은 샌프란시스코의 목적지에 안전하게 도착해 마이클을 내려준 뒤 떠난다.

2018년 9월 자동차업체인 볼보Volvo는 가상현실VR을 통해 레벨5 수준의 완전 자율주행 콘셉트 카인 볼보 360c를 선보였다. 당연히 전기차다. 360c라는 이름은 전후 좌우할 것 없이 360도 안전하고, 사람들의 일상을 360도 바꿀 차량이라는 뜻에서 따왔다. 볼보의 마틴 레벤스탐Mårten Levenstam 수석부사장이 말한 바와 같이 자율주행차는 인간이 운전대를 잡지 않는 대신 생길 자유로움을 고려해 자동차 안에서 무엇을 할 수 있을지 연구하는 계기를 제공하고 있다. 자율주행차가 활성화되면 굳이 비싼 돈을 지불하고 도심에 살 필요도 없어지고, 주거 환경도 바뀌게 될지 모르니 말이다.

앞선 2017년 11월 자율주행차 개발업체인 웨이모Waymo는 운전자의 개입이 필요 없는 레벨4 수준의 자율주행에 성공했다. 세계 최초로 운전자 없이, 다시 말해서 운전석을 비운 채 자율주행이 이루어진 것으로 볼보 360c가 현실화될 날이 머지않았음을 의미하기도 한다. 웨이모는 구글Google의 모회사인 알파벳Alphabet의 자회사로, 지난 2009년부터 자율주행차 프로젝트를 진행하고 있다. 2017년 4월부터는 미국 애리조나 주의 피닉스 지역 주민들을 대상으로 자율주행차를 시범적으로 운행하면서 기술과 안전성을 테스트 중이다. 이전까지는 운행 중 비상사태를 대비하여 차량에 운전자를 동승시켰지만 이번에는 시민들만 태웠다고 한다.

웨이모의 최고경영자CEO 존 크라프칙John Krafcik은 웨이모가 지난 8년간의 자율주행 연구를 바탕으로 완전한 자율운행에 성공했으며 이번 사례가 일회성이 아니라 자율주행의 새로운 단계에 진입했음을 의미한다고 말했다. 실제로 지금까지 공개된 자율주행차량 중 레벨4에 해당하는 사례는 전무했다.

자동차가 우리 일상에서 차지하는 비중은 따로 이야기하지 않아도 알 것이다. 그래서인지 자율주행차에 대한 이야기는 거의 매일 신문과 방송에서 접할 수 있다. 인지하지 못하고 있었을 뿐. 매일 접하는 소식인데 무슨 말인지 모른다면 무언가 중요한 걸 놓치게 될지 모른다. '모든 자율주행차는 사람이 운전을 안 해도 되는 걸까? 미래에는 운전면허증 따위는 필요 없는 걸까?' 이 같은 궁금증을 가지고 대략이라도 알아볼 필요가 있다. 이에 이 책을 읽고 있는 독자들은 최소한 자율주행의 기술 단계에 대해서는 알아두었으면 하는 바람이다.

자율주행 기술의 단계

미국자동차기술학회(SAE(Society of Automotive Engineers)가 정의한 자율주행 기술의 단계는 다음과 같이 레벨0에서 레벨5까지 6단계로 나눠볼 수 있다. 레벨0은 자동차 시스템이 전혀 작동에 관여하지 않는 단계로, 현재 사람이 차량을 운행하는 상태를 의미한다. 다른 말로는 비자동화 또는 수동운전 단계라고 한다.

레벨1은 자동차 시스템이 차량의 운행 방향이나 운행 속도의 조절을 보조하는 단계로, 시스템이 지원하지 않는 나머지 차량 조작은 사람이 수행하는 상태를 말한다. 이에 운전자보조 또는 운전지원 단계라고 한다.

레벨2는 자동차 시스템이 주행 환경에 따라 운행 방향과 속도를 직접 제어하는 단계로, 자동차의 조작 주체가 사람에서 시스템으로 옮겨가는 상태를 의미한다. 대신 주행 환경에 대한 모니터링과 차선 변경 등 운행 중 의사결정은 지금과 같이 사람이 하기 때문에 현재와 같이 운전자는 핸들을 잡고 전방을 주시해야 한다. 동일한 의미로 부분 자동화 또는 부분적인 자동운전 단계라고 한다.

레벨3는 비상 상황 등 자동차 시스템에서 운전 조작의 전환 요청이 있을 때 운전자가 허용한다는 조건 하에 고속도로 등 특정 운전 모드에서 시스템이 모든 운전 조작을 수행하는 단계이다. 운전자는 만일의 경우에 대비하여 운전석에 앉은 채 자세만 유지하면 되고 독서나 스마트폰 사용이 가능하다. 이에 조건부 자동화 또는 조건부 자동운전 단계라고 한다.

레벨4는 자동차 시스템이 특정 운전 모드에서 모든 운전 조작을 수행하는 단계이다. 이때 특정 운전 모드란 '시속 60킬로미터 이상의 고속운전', '시속 20킬로미터 미만의 정체운전' 등 사전에 지정한 운행 환경에서의 운전을 뜻한다. 조건이 한정적이지만 운전자가 굳이 운전석에 앉아있을 필요가 없으며 따라서 운전자의 차내 자유도가 비약적으로 높아진다. 같은 뜻으로 고등 자동화 또는 고급 자동운전 단계라고 한다.

레벨5는 도로 및 주행 조건을 불문하고 자동차 시스템이 모든 운전 조작을 수행하는 단계이다. 사람은 운전에 전혀 관여하지 않기 때문에 운전석에 앉을 필요가 없으며 편안한 자세로 천천히 식사를 하거나 수면을 취할 수 있다. 이에 따라 완전 자동화 또는 완전 자동운전 단계라고 하는데 우리가 꿈꾸는 자율주행은 대개 레벨5이다.

⁛ 자율주행 기술의 단계별 분류 ⁛

시스템이 일부 주행 (주행 책임 : 운전자)			시스템이 전체 주행 (주행 책임 : 시스템)		
레벨0	레벨1	레벨2	레벨3	레벨4	레벨5
비자동화	운전자 보조	부분 자동화	조건부 자동화	고등 자동화	완전 자동화
운전자 운행	시스템이 조향 또는 감·가속 보조	시스템이 조향 및 감·가속 수행	위험 시 운전자 개입	운전자 개입 불필요	운전자 불필요
Hands on	Hands on	Hands off	Eyes off	Mind off	Drive off

자료 : 모터그래프

앞으로 5년, 99%의 확률로 당신이 겪게 될 변화

컴퓨터, 마우스가 사라진다

다음날 저녁에 출장길에서 돌아온 마이클. 집에 돌아오자마자 거실의 누군가를 부르고는 말을 건다.

"알렉사, 조명 좀 커줘. 그리고 잔잔한 음악 좀 틀어줘."

"알렉사, 샤워할 테니까 어제 그 온도로 온수 좀 맞춰줘."

"알렉사, 오늘 받은 이메일 중에 미셸한테 온 이메일이 있으면 읽어줘……. 답장을 보내야겠는걸, 지금부터 말하는 내용으로 이메일을 작성해줘."

"이제 배고프다. 알렉사, 오늘 저녁에는 뭐 먹을까? 냉장고에 먹을만한 게 있나?"

우리가 무언가를 조작하기 위해 활용하는 도구와 방식에는 여러 가지가 있다. 우리는 이것을 인터페이스라고 부르는데 전자기기를 작동시키는 인터페이스로는 리모컨과 조작버튼이 있고, 컴퓨터를 조작하는 인터페이스로는 마우스와 키보드가 있다. 컬러TV의 보급과 함께 리모컨이 대중화된 것이 1980년대 무렵이고, PC의 대중화와 함께 마우스가 필수품이 된 것이 1990년대 초반이다. 이를 감안할 때 2010년대 스마트폰의 대중화와 함께 인터페이스 계의 중심을 차지한 '터치 패널'은 제4차 산업혁명의 시작을 예견한 것인지도 모른다.

그런데 그 중심이 머지않아 바뀔 듯하다. 많은 한국인들은 지난

1997년 삼성전자의 애니콜 휴대폰 TV광고에서 영화배우 안성기가 외친 "본부 나와라! 본부"라는 대사를 통해 이 인터페이스를 이미 경험했다. 혜성처럼 떠오르는 새로운 인터페이스는 바로 목소리, 인간의 음성이다. 음성만큼 직관적인 인터페이스는 없다. 더욱이 따로 휴대할 필요도 없고, 사용방법을 별도로 익힐 필요도 없다. TV를 켤 때도, PC를 끌 때도, 스마트폰을 볼 때도, 자동차로 이동 중일 때도 음성인식 스피커에 말하는 것으로 끝이다!

이러한 음성인식 기술 자체는 이전부터 존재해왔다. 앞서 말한 휴대폰의 사례처럼 말이다. 다만 매뉴얼에 있는 그대로 말해도 좀처럼 인식되지 않아 허탈한 웃음만 지었던 경험이 추억으로 남아 있었다. 그러나 최근 몇 년간 AI와 빅데이터 기술로 인해 음성인식 기술은 비약적인 발전을 거듭하고 있다. 예를 들어 아마존이 출시한 음성인식 스피커인 에코Echo는 7개의 마이크를 이용하여 소리의 방향을 추적하고 목소리와 다른 소리를 분리함으로써 잡음과 소음이 있는 환경뿐만 아니라 6~9미터 떨어진 위치에서 말하는 경우에도 음성인식의 정확도를 확보한다. 그리고 보통의 마이크와 달리 말할 때 버튼을 누를 필요도 없다.

목소리가 기본 인터페이스가 되는 보이스 퍼스트Voice First 시대는 2014년 11월에 아마존 에코 1세대를 출시한 아마존이 열어가고 있고,

앞으로 5년, 99%의 확률로 당신이 겪게 될 변화

거실에 있는 아마존 에코 / 출처 : 아마존 홈페이지

거기에 구글이 도전장을 내미는 모양새이다. 구글은 지난 2016년 11월에 구글 홈을 출시했으며 우리나라에는 2018년 9월에 공식 출시했다. AI 스피커에 대해서는 파트 2에서 자세히 다룰 예정이다. 현재의 음성인식 기술은 이미 상당한 수준에 이른 것으로 보인다. 하지만 보이스 퍼스트 시대가 본격화되기 위해서는 보다 많은 데이터를 수집하고 분석하여 음성인식의 정확도를 높이고, 알고리즘을 정교화하는 등의 문제를 해결해야 한다.

헬스테크, 의사가 사라진다

지난 4월, 사람의 도움 없이 스스로 병을 진단할 수 있는 AI 의사가 탄생했다. 미국 식품의약국FDA이 환자의 눈 영상을 분석해 당뇨 망막 병증을 진단하는 안과용 AI 의료기기에 대해 최종 판매 승인을 내린 것이다. 당뇨 망막병증은 혈당이 높아 망막 혈관이 손상되어 시력이 떨어지는 질환으로, 심할 경우 시력을 잃을 수 있다. 우리나라에서도 실명 원인 1위 질환으로 꼽힌다.

의사 하면 누구나 선망하는 전문직이다. 비록 오늘날 흉부외과나 산부인과 등이 찬밥 신세라고는 하지만 의사라는 일자리는 여전히 최고의 엘리트 비즈니스로, 의사가 되면 부와 명예는 당연히 따라오는 것으로 여겨진다. 그런데 앞선 사례가 말해주듯이 그 좋은 시절도 얼마 남지 않은 모양이다.

의료기기 업체인 IDx가 개발한 안과용 AI 의료기기인 IDx-DR은 머신러닝을 통해 의사 대신 진단한다. 세계 첫 의

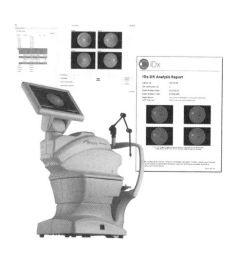

안과용 AI 의료기기 IDx-DR / 출처 : IDx 홈페이지

앞으로 5년, 99%의 확률로 당신이 겪게 될 변화

료용 AI인 IBM 왓슨Watson이 의사를 보조하는 역할에 그치는 걸 생각하면 한 단계 더 나아간 것이다. IDx-DR은 단 1분간의 진료 후 질환이 발견될 경우 수술 및 치료가 필요하다는 소견과 함께 한 장짜리 진단서를 안과 전문의에게 전달하는데, 실제로 2017년에 900명의 당뇨 환자를 대상으로 한 임상 시험에서 87.4%의 정확도로 당뇨 망막병증 환자를 가려냈다. 더불어 2018년 2월에는 알파고로 유명해진 AI 기업 딥마인드Deep Mind가 눈의 영상 자료를 분석해 녹내장과 당뇨 망막병증, 시력 감퇴 등 주요 안과 질환 진단이 가능한 AI를 개발했다.

또한 AI는 최근 피부암 판정에도 성공했다. 2017년 1월 미국 스탠퍼드 대학교 AI 연구소SAIL는 전문의 수준의 정밀도로 피부암을 진단할 수 있는 AI 알고리즘을 개발했다고 발표했다. 일반적으로 피부과에서 피부암을 진단할 때는 더마토스코프Dermatoscope라는 의료장비를 사용하여 피부의 의심스러운 병변을 확대하고 화상 검사를 실시한다. 더마토스코프는 휴대성과 편의성으로 널리 보급되었지만 이 기기를 이용해도 진단이 명확하지 않거나 암이라는 의심이 강하게 드는 경우에는 이를 확인하기 위해 환부의 일부를 잡고 현미경으로 직접 검사하는 생체검사biopsy를 실시해야 한다.

이에 SAIL은 화상 검사 프로세스에 대해 딥러닝 알고리즘을 적용했다. 악성암과 양성종양을 구별할 수 있도록 사마귀와 병반·발진 등 2,000여 가지 질환을 커버하는 약 13만 건의 피부질환 화상 데이터를 인터넷에서 수집하여 각각의 이미지에 질병명이 적힌 이름표를 달아 학습하게 한 것이다. 미국에서는 매년 약 540만 명이 새로운 피부암 진단을 받는다. 이 중 가장 빠른 단계에서 발견된 흑색종 환자의 5년 생존율은 96%이지만 진단이 늦어질수록 생존율은 14%까지 낮아진다. 이렇듯 피부암은 조기 발견이 무엇보다도 중요하다. 따라서 연구팀은 낮은 가격으로 조기 검진할 수 있는 수단을 제공하려고 노력하고 있다.

또한 유전자 질환과 같은 난치병에 대해서도 AI는 그 능력을 발휘하고 있다. 지난 2011년 설립된 미국의 벤처기업 FDNA는 딥러닝 기술을 활용하여 얼굴의 특징을 바탕으로 다운증후군이나 코핀 시리스 증후군Coffin Siris Syndrome 등 유전성 난치병과 희귀질환을 쉽게 진단할 수 있는 스마트폰 애플리케이션 페이스2진Face2Gene을 개발하고 있다. 환자의 허가를 받은 의사나 유전학자가 스마트폰에서 환자의 얼굴을 촬영하면 자동으로 회사의 서버에 사진이 업로드되고, 몇 초후에 분석 결과와 일치하는 증후군의 목록이 생성된다. 이후 사용자는 환자의 얼굴을 그 증후군의 전형적인 얼굴과 겹쳐볼 수 있는데 이를 클릭하면 그 증후군을 상징하는 얼굴 영역이 드러난다.

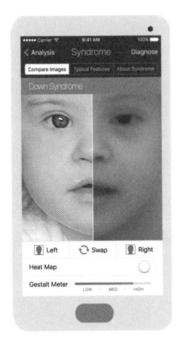

유전적 희귀질환을 진단하는 스마트폰 앱
/ 출처 : 페이스2진 홈페이지

FDNA에 따르면 7,000가지가 넘는 유전자 증후군 중 절반은 독특한 패턴이 있다. 따라서 이 회사는 유전자 증후군 중 상당수를 머신러닝 기술로 진단할 수 있으리라 본다. 더 많은 난치병 환자의 데이터를 확보할수록 진단의 정확도는 향상된다. 예를 들어 다운증후군의 경우는 사례가 많기 때문에 얼굴 특징을 통해 쉽게 진단할 수 있지만, 사례가 적은 난치병의 경우는 학습 데이터가 적어서 진단이 어렵다. 이에 회사는 크라우드 소싱을 통해 유전학 분야에서 데이터를 모으고 있으며, 데이터를 제공한 유전학자들에게는 무료로 회사의 애플리케이션을 활용할 수 있도록 지원하고 있다.

리걸테크, 변호사가 사라진다

과거에는 법조 부문이야 말로 IT 부문과는 별 관계가 없는 분야로 여겨졌다. 사안에 대한 명확한 분석을 바탕으로 수많은 법조문을 확인하고 다양한 판례를 검토하여 종합적인 판단을 내려야 하는 과정이 장기간에 걸쳐 이루어지기 때문이다. 그런데 그 과정 중에서 법조문의 확인과 판례의 검토 단계는 자연어 처리와 머신러닝을 활용한 AI가 충분히 수행할 수 있다. 그것도 아주 짧은 시간 안에.

의사와 마찬가지로 변호사는 엘리트 비즈니스의 꽃이라 할 수 있는 최고의 전문직이다. 변호사 수의 증가로 경쟁이 치열해지고 있다지만 여전히 변호사는 사회적으로 인정받는 성공의 상징으로 여겨진다. 그러나 최저임금도 받지 못하는 변호사가 폭증하여 사회 문제가 될 날이 머지않았다. AI 때문이다.

지금까지 법조문의 확인과 판례의 검토는 주로 신임 변호사와 사무장 등의 몫이었다. 하지만 관련 정보가 넘쳐나면서 검토해야 할 내용도 증가했고, 엄청난 양의 데이터를 사람이 처리함에 따라 시간과 비용 문제가 쟁점화되는 경우도 늘어났다. 반면 컴퓨터는 인간처럼 단순 반복 작업에 싫증을 내거나 피로해서 실수를 하는 등의 생물학적 문제를 발생시키지 않는다. 또한 자연어 처리와 머신러닝 등 AI 도구를 활용하면 단순한 키워드 검색에 그치지 않고 대화의 흐름과 맥락을 짐작하는 고급 검색이 가능해진다. 무엇보다도 처리 속도가 사람이 처리하는 경우와 비교할 수 없을 만큼 빠르다.

250명 이상의 변호사를 보유하고 있는 미국의 대형 로펌 중 절반 이상은 이미 AI를 활용하고 있다. 법률 분야 컨설팅 전문회사인 알트만베일Altman Weil이 2018년 3월부터 4월까지 실시한 설문조사에 따르면 응답한 398개 로펌 중 51.1%가 인적 자원의 대체를 위해 AI 도구를 활용하고 있으며 이 중 39.8%가 유의한 성과 개선을 확인한 것으로 나타났다.

이러한 솔루션의 등장은 지난 2014년을 기점으로 시작되었는데 2016년부터 대형 로펌들의 움직임이 적극적으로 변하면서 더욱 활발해지고 있다. 대표적인 사례로 세계 최초의 AI 변호사인 로스ROSS가 있다. 변호사인 앤드류 아루다Andrew Arruda가 설립한 로스 인텔리전스ROSS intelligence가 개발한 이 솔루션은 2016년 5월 미국의 대형 로펌인 베이커 앤드 호스테틀러Baker & Hostetler에서 세계 최초의 AI 변호사로 데뷔, 파산 관련 업무에 처음 투입되었다.

로스는 IBM의 AI 플랫폼 왓슨의 자연어 처리 기술을 기반으로 하여 자체적으로 개발한 법률 AI 프레임 워크를 조합해 법률 리서치 업무를 지원한다. 사용자가 복잡한 검색 문자열을 입력하지 않고, 동료에게 말을 걸듯이 평이한 말로 질문해도 질문의 의도를 이해하고 문

세계 최초의 AI 변호사 '로스'를 개발한 로스 인텔리전스의 홈페이지

맥에 맞는 답을 제시해주는 점이 특징이다. 예를 들어 "만약 파산법에서 원고가 다른 소송에서 추심행위의 자동정지를 요청하면 자동정지가 해제되는가?"라고 질문했다면 로스가 신뢰도에 대한 답변과 함께 참조한 정보의 소스를 함께 제시해준다.

블루힐Blue Hill 리서치 자료에 따르면, 로스를 도입함으로써 로펌은 연간 평균 165.8시간을 절약하고 22.3%의 법률 검색 시간을 줄임으로써 연간 수익이 53,000달러 정도 늘어나는 것으로 추정된다.

한편 AI 변호사 외에 AI 검사와 AI 판사에까지 도전하는 기업들이 늘고 있다. BBC의 보도에 따르면, 2017년 1월 영국에서 보험금 지급과 관련된 판결 결과를 예측하는 대회가 열렸다. 유명 로펌 변호사 그룹 100명과 리걸테크 스타트업의 판결 예측 AI 서비스가 대결한 결과, AI 변호사가 압도적인 승리를 거뒀다고 한다. 양측에 제시된 총 775건의 판결 중 AI 변호사는 86.6%, 유명 로펌 변호사 그룹은 66.3%의 적중률을 기록했다. 해당 프로그램의 이름은 케이스 크런처 알파Case Cruncher Alpha이며, 현재는 상용화되어 서비스를 제공하고 있다.

핀테크, 트레이더가 사라진다

금융 부문은 업무의 특성상 각종 사건과 사고를 미연에 방지하고자 수많은 제도적 규제와 보안장치를 마련하고 적용해왔다. 이에 새로운 IT 부문을 받아들이는 데 여타 산업에 비해 상대적으로 극히 미온적이었다. 하지만 전 세계적으로 불고 있는 IT와 산업 간 융합은 금융 부문이라고 예외일 수 없다.

　의사 그리고 변호사와 함께 트레이더trader는 엘리트 비즈니스 중 하나인 금융 부문에서도 특히 부와 명예를 얻을 수 있는 최상의 전문직이다. 하지만 조만간 다가올 미래에 그 자리는 머신러닝 기능을 갖춘 AI의 몫이 될 가능성이 높다.

2016년 1월, 미국 하버드대학교가 주최한 심포지엄에서 세계적인 투자은행인 골드만삭스Goldman Sachs의 최고정보책임자CIO였던 마틴 차베스Martin Chavez가 단상에 올랐다. 그는 '데이터 컴퓨팅, 그리고 금융업의 변화Data computing, and Transformation in the financial industry'라는 제목의 강연에서 4명의 트레이더가 1명의 컴퓨터 엔지니어로 대체된다고 말했는데, 참으로 충격적인 사실이었다. 지난 2000년, 골드만삭스 뉴욕 본사에 근무하고 있던 증권거래소 직원은 600명이었지만 현재 근무하고 있는 직원은 단 2명에 불과하다. 과거에는 주식거래를 위해 대규모의 인력을 투입했지만 지금은 머신러닝 기능이 탑재된 자동매매 프로그램이 일상적인 주식거래 작업을 처리하고 있다. 가격 변동이 심한 외환 거래와 선물 거래의 경우도 과거에는 기계가 대체하기 어려운 분야로 여겨졌지만 최근 들어 하나둘씩 자동화되고 있다. 이미 골드만삭스는 외환 거래의 자동화를 추진하는 중이다.

골드만삭스와 더불어 머신러닝을 활용하기로 방향을 잡은 기업은 제이피모건 체이스JPMorgan Chase이다. 제이피모건 체이스는 IT 비용으로 연간 95억 달러를 지출하고 있는데 최근에는 기존 시스템의 유지 관리 등이 아닌 새로운 시스템 도입을 위한 투자를 늘리고 있다. 실제로 지난 2016년에는 가이아Gaia라는 이름의 자체 클라우드 플랫폼과 함께 코인COiN(Contract Intelligence)이라는 이름의 머신러닝 소프트웨어를 개발했다. 이 소프트웨어는 회사가 취급하는 연간 12,000건의 상업대출 계약을 분석하고 처리하는 것을 목적으로 한다. 이를 통해 이전까지 사내 변호사와 대출 담당자가 연간 36만 시간 이상을 소모하던 계약 검토 작업을 단 몇 초에 끝낼 수 있게 되었고, 담당자의 실수로 인한 오류도 크게 감소했다고 한다.

또한 제이피모건 체이스는 2015년에 개발한 이머징 오퍼튜니티 엔진Emerging Opportunities Engine이라는 분석 및 예측 솔루션을 투자은행 부문에 확대 적용하기 위해 2017년까지 투자를 지속했다. 이 솔루션은 주식의 상장과 블록딜 등 주식발행 시장에서 최상의 거래 조건과 그에 따른 집행 방법을 분석하고 예측하기 위한 것이다.

골드만삭스, 제이피모건 체이스 외에도 웰스파고Wells Fargo, 뱅크오브아메리카Bank of America, 씨티은행Citibank, 유에스뱅크U.S.Bank 등 미국의 대형은행들 또한 머신러닝을 적극적으로 개발하고 활용하고 있다. 더불어 유럽에서는 스위스에 본사를 둔 유럽 최대의 금융그룹인 UBS가 머신러닝에 많은 노력을 기울이고 있다. UBS는 과거의 시장 패턴을 컴퓨터에 학습시켜 주식 시장의 변동에 대응할 전략을 개발하고 있는데 실제 과거 데이터를 이용하여 백테스팅backtesting을 실시한 결과, 연간 10.3%의 수익률을 달성한 것으로 나타났다. 하지만 UBS는 머신러닝에 의해 개발된 투자 전략을 있는 그대로 실행하는

구분	매출액 (달러)			임직원 (명)		
	2016년	2017년	증감율	2016년	2017년	증감율
골드만삭스	306억	321억	+4.9%	38,000	37,300	-1.8%
모건스탠리	346억	379억	+9.5%	55,311	57,633	+4.2%
제이피모건 체이스	903억	937억	+3.8%	252,942	166,937	-34%

것은 아니며, 반드시 담당자가 검증한 후 거래를 수행하고 있다고 밝혔다.

엔지니어가 비즈니스의 주인공이 되다

금융 산업에서 AI의 활용이 뜨거운 화두가 됨에 따라 현재 월스트리트에서 엔지니어들의 수요는 매우 높은 상태이다. 골드만삭스에는 트레이더 대신 컴퓨터 엔지니어가 늘어나고 있는데 그 숫자가 회사 전체 직원의 약 3분의 1에 해당하는 9,000명에 이른다고 한다. 엔지니어들이 자동화 프로그램을 개발하고 일상적인 시스템 운용을 담당하고 있는 것이다. 현재 골드만삭스의 CFO인 마틴 차베스는 앞서 소개한 강연에서 "골드만삭스의 비즈니스 모델은 이제 구글과 같다"며 세계 굴지의 IT 기업인 구글을 인용, 자사가 IT 기업이 되어가고 있음을 시사했다.

제이피모건 체이스의 상황도 비슷하다. 2016년도 연례보고서에서 당시 최고운영책임자COO였던 매트 제미스Matt Zames는 "IT 분야의 최고 인재들을 영입해 활용하는 것이 가장 중요하다"고 언급했으며, 금융업계에서 AI의 활용이 필수가 됨에 따라 금융 전문가에게 AI를 배우라고 하는 것보다 AI에게 금융을 배우게 하는 것이 간단하다고도 주장했다. 어찌 보면 앞으로의 금융 산업을 이끌어가는 것은 트레이더가 아니라 AI를 개발할 수 있는 엔지니어가 될지도 모를 일이다.

그런가 하면 미국의 법원과 감옥에서는 피고인이 다시 범죄를 저지를 위험을 판정하기 위해 컴패스Compass 사용이 확산되는 추세다. 컴패스는 판사의 판결을 효율화하기 위해 개발된 소프트웨어로, 피고인의 보석 금액 설정·양형 결정·가석방을 허용할지 여부 등의 판단에 활용되는 등 매우 중요한 역할을 담당하고 있다. 예를 들어 100개 이상의 질문에 대한 피고인의 답변과 함께 피고인의 성별·나이·범죄 기록 등의 데이터를 입력하면 이를 종합하여 피고인이 다시 범죄를 저지를 가능성을 수치화하여 제시한다. 이러한 소프트웨어의 개발은 변호사 등과 함께 데이터 과학자와 엔지니어들이 중심이 된다.

의료 산업 역시 IDx-DR과 IBM 왓슨의 사례와 같이 수많은 병원과 의료기관에서 서로 다른 방식으로 관리되고 있는 질병 데이터를 동일한 형태로 변환하고 저장하며 공유할 수 있도록 하는 데이터 고도화 작업이 필요하다. 특히 희귀질환의 경우에는 그 사례가 많지 않아 전 세계에 걸쳐 관련 데이터를 수집해야 하기 때문에 데이터 과학자의 육성은 필히 이루어져야 할 것이다. 더불어 수집한 데이터를 분석하는 알고리즘을 보다 정교화하고 진단 결과의 정확도를 높이기 위해 엔지니어의 역할이 더욱 중시될 것이다.

인간도 AI도 완벽한 것은 없다

그렇다면 모든 것을 자동화하면 의사, 변호사, 트레이더가 완전히 없어질까?

아니, 인간이든 AI든 어느 쪽도 완벽하지 않다. 최소한 가까운 미래까지는 그럴 것이 확실하다. 인간은 누구나 실수를 범하고, AI는 예상치 못한 재해나 오류로 인해 시스템이 멈추거나 오작동할 수 있다.

2012년 8월에 발생한 나이트캐피털 사건을 보자. 알고리즘을 활용한 미국 최대의 자동주문 전문기업이었던 나이트캐피털Knight Capital Group의 매매 시스템에 장애가 생긴 결과, 복구될 때까지 40여 분간 자사 연간 수익의 약 4배에 달하는 4억 4천만 달러의 손실이 발생했다. 거래의 전자화가 진행되는 가운데 향후 AI까지 첨가되면 거래 시스템은 점점 더 복잡해질 것이다. 유사한 사건이 또 일어나지 않으리라 보장하기 어렵다. 또한 주가 등 가격이 순간적으로 급락하는 '플래시 크래시flash crash'가 발생할 가능성도 부정할 수 없다. 실제로 지난 2월 5일 미국 다우지수는 오후 3시 5분 24,748포인트에서 3시 11분 23,923포인트로 단 6분 만에 824p(3.3%) 급락했고, 7분만에 다시 직전 수준으로 반등했지만 이후 곧바로 하락세를 나타냈다. 이러한 미증시 폭락을 초래한 것은 인플레이션 우려였으나, 시장의 변동성을 키운 재료는 기계적으로 움직이는 프로그램 매매였다. 흔히 '공포지수'로 불리는 변동성지수VIX가 30을 찍으면 기계적으로 매도가 이뤄지는 프로그램 매매로 인해 장 막판에 증시 낙폭이 커진 것이다.

더불어 의료와 법조 분야의 경우는 AI에게 그들만큼의 권위를 부여하지 않을 것이다. 특히 의료 분야에서는 어디까지나 의사의 진단을 지원하는 도구로 남을 가능성이 높다. 최종 진단 결과에 대해 책임을 지는 것은 의사이며, 충분한 경험을 쌓은 의사가 사용해야만 더 큰 효과를 발휘할 수 있다. (적어도 현재까지는 그러하다.)

따라서 AI를 통한 완전한 대체는 불가능하며 대신 인간과 상호보완적 역할 수행을 통해 인류가 얻을 수 있는 편의성과 효율성을 최대화할 수 있을 것이다.

IBM 왓슨은 찻잔 속의 태풍?

앞서도 잠깐 언급한 IBM의 의료용 AI 플랫폼인 왓슨 포 온콜로지 IBM Waston for Oncology 는 암 정복을 위한 첨병으로 기대를 받아왔다. 왓슨은 의사가 환자에 대한 정보를 입력하면 관련 문헌 데이터를 분석해 최상의 치료법을 제안한다. 이를 위해 의학논문과 교과서 등 1,500만 페이지에 달하는 의료 정보를 학습했고, 2012년부터 세계 3대 암센터 중 하나인 꼽히는 메모리얼 슬론 캐터링 암센터 Memorial Sloan Kettering Cancer Center 의사들의 도움을 받아 진료 정보를 습득하고 있다. 또한 IBM은 2016년 의료 데이터 업체인 트루벤 Truven Health Analytics, 2015년 의료 이미지 기술회사인 머지 Merge 와 헬스케어 관리업체인 파이텔 Phytel 을 인수하는 등 의료 정보 업체들을 M&A하는 데 50억 달러를 투자하며 데이터 확보에 많은 공을 들이고 있다.

그런 왓슨이 2017년부터 이상 징후를 보이기 시작했다. 2017년 2월 텍사스대학교 암센터에서 진행하던 왓슨 프로젝트가 중단됐고, 같은 해 3월 엠디 앤더슨 암센터 MDAnderson Cancer Center 는 왓슨 프로젝트 계약을 파기했다. 여기에 최근 미국에서는 왓슨에 대한 회의론까지 제기되고 있는 상황이다. 암 치료의 신세계를 열 것이라는 기대와 달리 데이터 확보에 어려움을 겪으며 의료 현장에서 제 역할을 못하고 있는 것이다.

즉, 의료기관별로 상이한 데이터 저장 방식을 사용하여 데이터의 호환이 어렵고, 희귀암이나 재발암 등에 대한 데이터는 여전히 부족하며, 부족한 데이터를 이용한 치료법의 제안은 객관성이 떨어진다는 지적을 받고 있다.

왓슨은 재무적으로도 심각한 상황으로 보여진다. 올 상반기에 IBM은 왓슨 헬스 인력을 50% 내외 해고한 것으로 추정되는데 감원 대상은 지금까지 IBM이 인수한 헬스케어 스타트업 출신 및 IBM의 장기근무 직원이라고 외신은 보도했다.

학계에서도 암 진단과 치료의 효율성을 크게 높일 것으로 기대됐던 왓슨이 뚜렷한 성과를 내지 못하고 있다는 분석이 나온다. 인도에서 왓슨을 처음 도입한 마니팔 병원Manipal Hospital을 분석한 논문에 따르면 3년간 1,000명의 암환자에게 왓슨을 활용했지만 폐암의 경우 17.8%만 왓슨과 의료진의 진단이 일치했다. 일부 유방암도 진단 일치율이 35%에 불과했다.

국내에서는 가천대 길병원, 부산대 병원, 건양대 병원 등에서 왓슨을 도입했고, 2017년 12월 중앙보훈병원이 왓슨을 도입한 이후 추가로 이를 도입한 병원은 전혀 없다. 가천대 길병원이 지난해 12월 왓슨 도입 1주년을 맞아 발표한 자료에 따르면 대장암결장암 환자 118명에 대해 왓슨이 추천한 치료법과 의료진 의견 일치율은 55.9%였다. 왓슨을 사용해본 의료계 관계자는 "환자 정보가 계속 추가로 필요하다는 메시지가 뜨면서 작동을 제대로 안 하는 사례도 있었다"고 지적했다. 이에 대해 한국 IBM 관계자는 "의료계의 왓슨 평가에 대해 특별히 할 말이 없다"고 말했다.

IBM 왓슨 / 출처 : IBM 홈페이지

혁신의 주기가 짧아지는 시대,
우리에게 다가오는 기회

지금까지 제4차 산업혁명을 통해 잃게 되는 것, 사라지는 것들을 살펴보았다. 그렇다면 우리가 얻게 되는 것은 무엇일까? 가장 먼저 떠오르는 것은 편의와 효용이다.

이전의 산업혁명을 통해 인류의 노동 강도는 획기적으로 줄어들었다. 가사 노동을 비롯하여 공장의 생산 라인 등 육체노동을 필요로 하던 일의 상당 부분이 기계의 버튼을 앞으로 당기는 것으로 대체되었다. 그런데 제4차 산업혁명은 이처럼 '버튼을 누르는 수고'마저도 없애줄 것이다. 불과 수년 이내에 지금껏 손으로 해온 많은 조작 과정이 말 몇 마디로 간단히 해결될 것이다.

한편 전문직 일자리를 침투하는 인공지능은 그 분야 종사자 외 다수의 대중에게는 반가운 일이 될 수도 있다. 이전에는 상당한 시간과 비용을 들여서 전문가를 만나고 상담해야 했던 많은 일들이, 앞으로는 컴퓨터 앞에 헤드셋을 끼고 앉아 인공지능과 대화를 나누는 것으로 해결될 것이다. 투여하는 시간과 비용이 획기적으로 줄어듦에 따라 전문지식을 이용할 수 있는 기회는 보다 많은 사람들에게 개방될 수 있다.

이외에도 제4차 산업혁명을 통해 얻을 수 있는 것은 수없이 많다. 통찰력과 창의력을 요하는 분야에서는 없어지는 일자리만큼이나 많은 수의 직업이 생겨날 것이며, 인공지능과 연결성을 이용하여 완전히 새로운 개념의 전문집단이 나타날 수 있다. 또한 혁신 주기가 짧아짐에 따라 다양한 산업 분야의 새로운 기업들이 신흥 강자로 떠오를 것이다. 바로 지금 이 시점만 봐도 알 수 있다.

2018년 글로벌 시총 1~4위는 애플과 아마존, 알파벳구글의 모회사, 마이크로소프트 등이 엎치락뒤치락하는 형국이었다. 그 뒤를 잇는 버크서 해서웨이는 워런 버핏이 운영하는 다국적 기업으로, 애플 주식을 지속적으로 매입해왔다. 2018년 버크서 해서웨이가 애플 주식으로 한 달만에 5조 달러의 이익을 낸 것은 유명한 이야기이다. 그 외에 8위까지를 차지하고 있는 것은 알리바바, 텐센트, 페이스북 등으로 버크서 해서웨이만 제외하면 모두가 제4차 산업혁명의 선두 기업들이다. 불과 10년 전, 글로벌 시가총액 1위는 페트로차이나, 2위는 엑슨모빌, 3위는 GE였다. 당시의 1~8위 중 현재까지 시총 순위에 남아있는 곳은 마이크로소프트가 유일하다.

격변의 시대는 항상 투자의 기회가 되어왔다. 석유왕 록펠러, 자동차왕 포드, 철도왕 밴더빌트, 현대에 이르러서는 빌 게이츠와 손정의 등 역사에 이름을 남긴 근현대 기업가와 투자자들은 모두 산업혁명 시대의 한가운데를 살았던 사람들이었다. 지금, 시간이 흘러 다시 우리에게 산업혁명이라는 기회가 왔다. 격동의 시대에 휩쓸릴 것인가 혹은 그 흐름 위에 올라타 부의 기회를 잡을 것인가?

이것이 속도보다 방향을 알아야 하는 이유이며, 제4차 산업혁명 시대가 우리에게 주는 최고의 선물이다.

안석훈

PART 2

지금, 이 모든 변화를 관통하는 8가지 메가 트렌드

_무엇을 알아야 하는가?

세상의 흐름을 알기 위해 모두가 전문가가 되어야 하는 것은 아니며, 중요한 것은 이 변화가 어디로 향하고 있는지를 아는 것이다. 즉 현재 일어나는 변화의 방향만 제대로 알면, 그 속도를 두려워할 필요는 없다. 속도보다 중요한 것은 방향이며, 그 변화의 방향을 제대로 알고 있어야 미래의 기회를 찾아낼 수 있다. 이를 위한 가장 좋은 방법은 변화의 최전선을 관찰하는 것이다.

영화 아이언맨The Iron man에 등장하는 자비스Jarvis는 주인공 토니 스타크의 AI 비서이다. 자비스는 토니 스타크가 원하는 데이터와 정보를 수집하고 분석하고 가공해서 보여주고, 아이언맨 수트를 설계하고 제작하고 조립하고 테스트하며, 전투 중일 때는 수트의 안전성과 토니 스타크의 컨디션을 확인하여 수시로 전달한다. 더불어 토니 스타크의 괴팍한 성향에도 그때그때 상황에 맞춰 대응하는 모습을 보인다.

자비스는 그야말로 다재다능하고 만능일꾼인 AI 비서이다. 지금 우리가 이야기하고 있는 제4차 산업혁명의 모든 것을 보여준다고 해도 과언이 아니다. 그런데 자비스와 같은 AI 비서가 머지않은 미래에 현실화된다면? 상상하던 것들이 실재가 되고 있는 지금, 변화의 흐름은 어디를 향하고 있으며, 그 바탕에 깔린 기술로는 어떤 것들이 있는지에 관해 자세히 살펴보자.

속도보다 중요한 것은
변화의 방향이다

제4차 산업혁명의 흐름이 상상 초월의 빠른 속도로 현대인들의 삶을 휩쓸고 있다. 관련 분야에서 일하는 전문가들조차 기술 발전의 속도를 따라잡기 힘들다고 한다. 그러니 우리와 같은 일반인들이 제4차 산업혁명의 변화 속도를 따라잡기란 한마디로 불가능하다.

그렇다고 해도 걱정할 필요는 없다. 세상의 흐름을 알기 위해 모두가 전문가가 되어야 하는 것은 아니며, 중요한 것은 이 변화가 어디로 향하고 있는지를 아는 것이다. 다시 말해 현재 일어나는 변화의 방향만 제대로 알면 그 속도를 두려워할 필요가 없다. 속도보다 중요한 것은 방향이며, 그 변화의 방향을 제대로 알고 있어야 미래의 기회를 찾아낼 수 있다.

이를 위한 가장 좋은 방법은 변화의 최전선을 관찰하는 것이다. 2018년 1월과 2월, 2개의 세계적인 행사가 미국과 스페인에서 열렸다. CES와 MWC가 그것이다. 그리고 8월에는 독일에서 또 하나의 큰 행사인 IFA가 개최되었다. 이 3가지 행사에 대해서 독자 여러분도 한 번쯤은 들어 보았을 것이다.

먼저 CES는 국제 전자제품 박람회로 컨슈머 일렉트로닉 쇼Consumer

Electronic Show의 줄임말이다. CES 2018의 주제는 스마트시티Smart Cities로, 2017년 50주년을 기념한 주제였던 스마트홈Smart Home을 확장하여 우리 일상생활에 실제 적용할 수 있는 다양한 기술과 상품 그리고 서비스를 선보였다. 2018년 1월 9일화요일부터 12일금요일까지 4일간 150개국 4,000여 기업이 참여하였고, 전 세계에서 날아온 185,000명 이상이 관람하는 등 역대 최대 규모를 기록했다.

다음으로 MWC는 모바일 월드 콩그레스Mobile World Congress의 줄임말이다. CES, IFA와 함께 세계 3대 IT 전시회 중 하나이며, 이동통신 부문에 특화된 행사이다. 첫 번째 행사는 1987년 프랑스 칸에서 GSM 월드 콩그레스GSM World Congress라는 이름으로 시작되었고, 올해는 '더 나은 미래를 창조하기Creating Better Future'라는 주제로 5G와 자동차를 중심으로 세계 각국의 기술을 소개했다. 2018년 2월 26일월요일부터 3월 1일목요일까지 4일간 205개국 2,400여 기업이 참여하였고, 107,000명 이상이 관람하였다.

더불어 IFA는 독일 국제 가전 박람회Internationale Funkausstellung의 줄임말이다. 1924년에 처음 개최된 이래 유럽 최대의 가전 및 멀티미디어 전문 전시회로, CES와 MWC와는 달리 유럽과 중동 그리고 아프리카 바이어들이 대거 방문한다. 2년에 한 번씩 열리던 행사는 지난 2006년부터 매년 개최되고 있으며 2018년에 58회를 맞이했다. 8월

31일^{금요일}부터 9월 5일^{수요일}까지 6일간 60여 개국 1,800여 기업이 참여하였고, 24만 명 이상이 관람했다.

이 3가지 행사는 산업 환경 변화의 최전선을 압축하여 보여주는 박람회라고 할 수 있다. 행사 때마다 전 세계에서 십만 명이 넘는 사람들이 모여드는 것은 바로 그런 이유에서이다. 제4차 산업혁명으로의 이행을 주도하는 기업들이 집중하고 있는 그 무엇과 그들이 보여주는 비전을 통해 근미래를 조망할 수 있기 때문이다. 즉, 현재 우리가 어디까지 와있는지, 그리고 미래에는 어디로 향할지를 이들 행사를 통해 종합적으로 알 수 있다. 이번 장에서는 이들 국제 행사와 국내외 최신 사례를 중심으로 제4차 산업혁명이 몰고 올 변화의 방향, 다시 말해 미래 변화의 근간과 핵심기술에 대해 하나씩 쉽게 정리해 보겠다.

세상은 3가지
C로 바뀐다

앞서 제4차 산업혁명의 가장 중요한 특징은 바로 지능화라고 하였다. 이 지능화와 함께 거론되는 것이 바로 '연결성'이다. 지능화와 연결성은 제4차 산업혁명을 가능하게 하는 기술적 기반으로, 이러한 특징들이 서로 다른 기술과 산업 간의 '융합' 및 그로 인한 새로운 가치 창출을 가능하게 하고 있다. 이 변화의 중심에는 더 말할 바 없이 미국이란 나라가 서 있으며, 변화를 향해 빠른 속도로 질주하고 있는 '중국'이 새로운 산업혁명 시대의 게임 체인저로 부상하는 중이다.

2018년 CES와 MWC 그리고 IFA는 제4차 산업혁명이 몰고 올 미래 변화의 근간이 이러한 연결성Connectivity, 융합Convergence, 중국China 임을 확실히 보여주었다. 필자는 이를 3C라고 표현한다. 더 자세히 살펴보자.

연결성

첫 번째 C는 연결성Connectivity, 즉 연결되는 세상이다. 연결성은 인터넷과 모든 사물을 연결하여 상호작용이 가능한 상황을 의미한다. 사물인터넷, 스마트홈, 스마트시티, 커넥티드카 등은 모두 연결성을 기반으로 한다.

CES 현장에서 연결성을 시연한 경우를 몇 가지 소개하면 다음과 같다.

주방 및 욕실용품 전문기업인 콜러KOHLER는 화장실과 욕실, 주방의 기기들을 모두 연결하여 음성으로 제어함으

콜러 코넥트 / CES 2018 촬영

로써 사용 편의성과 심리적 안정감을 증대시키는 '콜러 코넥트KOHLER Konnect'를 선보였다. 고객들은 콜러 코넥트 앱을 통해 주방과 욕조의 설정을 자동화하고, 음성을 통해 손을 사용하지 않고 기기들을 제어할 수 있다. 예를 들어 샤워 중 간단한 음성명령만 내리면 물의 온도가 조절되고, 원하는 깊이로 욕조에 물이 채워지는 식이다. 또한 콜러의 보이스 라이티드 미러Voice Lighted Mirror에는 아마존의 인공지능 비서 알렉사가 내장되어 있어 알렉사가 제공하는 비서 기능을 사용할 수 있다. 와이파이 네트워크에 연결되어 있는 집 안의 다른 가전과 페어링pairing하여 음악, 조명, 알람 등을 조절할 수도 있다.

지금, 이 모든 변화를 관통하는 8가지 메가 트렌드

그런가 하면 헬스케어와 가전 및 조명 전문기업인 필립스Philips는 충분한 수면을 취하지 못하는 이들에게 임상적으로 입증된 숙면 증진 효과를 제공하는 웨어러블 솔루션인 스마트 슬립Philips SmartSleep 과 스마트 미러, 스마트 칫솔, 스마트 면도기 등 다양한 퍼스널 케어 제품을 소개했다. 우주항공 및 건축기술 제조업체인 하니웰 인터네셔널Honeywell International은 가정 내 다양한 기기를 스마트폰과 연결하여 제어함으로써 생활 편의성과 안전성을 향상시키는 하니웰 홈 Honeywell Home을 시연했다.

이러한 최신 기술들이 보여주는 미래는 명확하다. 즉, 가까운 미래에 무선 네트워크에 연결된 각종 기기들은 스마트폰이나 웨어러블 기기, 근처에 있는 스마트 스피커(거울뿐 아니라 거의 모든 기기에 내장될 수 있다)로 연동될 것이며 조작은 음성을 통해 간단히 이뤄지리란 사실이다.

융합

두 번째 C는 컨버전스Convergence, 즉 융합되는 기술과 산업이다. 제4차 산업혁명 시대의 '융합'은 서로 다른 기술과 기술, 서로 다른 기술과 산업 간의 결합을 통하여 새로운 가치를 창출하는 것을 의미한다.

삼성전자와 하만의 디지털 콕핏 시연 모습 / CES 2018 촬영

인공지능과 자동차, 사물인터넷과 스포츠, 하드웨어와 소프트웨어의 동행은 모두 새로운 가치를 창출하기 위한 융합의 과정이다.

CES에서 새롭게 선보인 융합 관련 사례를 몇 가지 살펴보자.

디지털 콕핏Digital Cockpit은 메모리반도체 세계 1위인 삼성전자의 IT 기술과 음향기기 전문회사인 하만Harman의 전장전자 장치 기술이 융합된 자동차용 전장 솔루션이다. 디지털 콕핏은 운전 환경 정보를 간결하게 제공하여 안전운전을 도모하고, 차량과 온라인으로 연결된 가정 내 기기들을 차량 안에서 제어할 수 있게 한다. 차량에 음성인식 인공지능 기술을 적용한 것으로, 운전자는 콕핏을 이용해 운전 중에도 집 안의 조명이나 온도를 조절할 수 있으며 심지어 냉장고 안에 어떤

지금, 이 모든 변화를 관통하는 8가지 메가 트렌드

자율주행 AI를 탑재한 엔비디아의 레이싱 카 / CES 2018 촬영

재료들이 남아있는지 확인할 수도 있다. 가까운 미래에 우리는 스마트폰뿐 아니라 차량을 이용해서도 IoT로 연결되는 집안과 사무실의 모든 가전제품과 기기들을 음성으로 제어할 수 있게 될 것이다.

그래픽 처리장치^{GPU} 전문업체인 엔비디아^{Nvidia} 또한 융합을 통해 제4차 산업혁명 시대 자동차의 미래 모습을 보여주었다. 자사의 자율주행 머신 프로세서인 엔비디아 드라이브 제이비어^{Xavier}를 기반으로 독일의 변속기 전문업체인 체트에프^{ZF}가 개발한 프로AI^{Pro AI}를 탑재한 무인 레이싱 카 '로보 레이싱 비히클^{Robo Racing Vehicle}'을 소개한 것이다. 이 차량은 다양한 카메라와 라이더 및 레이더의 입력 정보를 처리하고 대응하여 고속의 자율주행이 가능하다. 엔비디아의 로보 카는 2018년 7월, 영국의 자동차 페스티벌인 '굿우드 페스티벌 오브 스피드'에서 이미 인간의 개입 없이 1.16마일의 구불구불한 레이싱 코스를 완주했다. 자동차와 전투기 등 미래형 운송기 디자이너로 유명한 다니엘 사이먼Daniel Simon이 설계한 것으로, 이 차량에는 운전석이 없다. 당연히 핸들과 페달도 존재하지 않는다. 사람이 타지 않은 상태로 울퉁불퉁하며 바닥에 나뭇가지와 지푸라기 등 각종 장애물이 있는 굿우드 페스티벌의 힐클라임Hillclimb 코스를 완벽하게 주행했다.

한편 빅데이터와 VR을 융합하고, VR과 하드웨어를 융합한 상품과 서비스도 대중화의 길을 걷고 있다. 예를 들어 3D 모션 트래킹 기술 선도 기업인 엑스센스Xsens는 전신 수트suit를 착용한 사람의 행동을 추적하고 데이터로 변환한 뒤에 이를 3차원으로 구현해 보여주는 '엑스센스Xsens MVN 솔루션'을 시연했다. 우리나라의 스포츠 시뮬레이터 전문업체인 골프존은 골프와 야구 시뮬레이터를 소개하는 한편 삼성전자와의 협업을 통해 '기어 S3 골프 에디션'을 선보였다.

반도체로 대표되는 기업과 음향업체·실내 골프 시뮬레이터 업체, 컴퓨터 장치 업체와 자동차 부품회사는 과거 산업 환경에서는 거의 접점을 찾을 수 없었다. 이렇게 상이한 분야의 기업과 기술들이 지능화와 연결성을 통해 융합되고, 결과적으로 새로운 가치를 창출함으로써 그 영역을 확장하고 있다.

중국

세 번째 C는 차이나China, 부상하는 중국이다. CES 2018은 '차이나 일렉트릭 쇼China Electronic Show', MWC 2018은 '모바일 월드 차이나Mobile World China'라는 농담이 나왔을 정도로, 두 행사장을 뒤덮은 대륙의 ICT 굴기는 어마어마했다. LED TV와 자율주행차, 드론Drone은 물론이고, 5G와 로봇 그리고 스타트업까지 모든 분야에서 드러난 중국의 힘은 두려움 그 이상을 느끼게 했다. 실제로 CES 2018 참여 기업의 경우 G2미국+중국 기업이 전체의 75%를 차지했는데 미국 기업이 1,700여 개, 중국 기업이 1,300여 개 이상 참가했다. 참고로 대한민국은 201개 기업이 참가하여 전체의 5% 정도를 기록했다.

미래 변화에 대해 중국이 준비하고 있는 모습을 몇 가지 살펴보자.

중국 최대 네트워크 및 통신장비 제조업체인 화웨이Huawei는 앞서 소개한 3대 박람회를 통해 5세대 이동통신5G을 위한 칩셋과 솔루션 장비를 선보이며 향후 5G 경쟁에서 유리한 위치를 선점했다.

중국 최대 검색엔진 회사인 바이두Baidu는 CES 2018과 MWC 2018 그리고 IFA 2018에서 AI 기반 자율주행 플랫폼인 '아폴로 2.0'을 공개하고 엔비디아 및 체트에프와의 협업을 발표했으며, 세계 최대 전자상거래 회사인 알리바바Alibaba는 기존의 AI 플랫폼인 ET를 향상시킨 'ET 브레인ET BRAIN'을 선보였다.

퓨처 모빌리티가 선보인 바이톤 / CES 2018 촬영

전기차 스타트업인 퓨처 모빌리티Future Mobility는 2019년 양산을 목표로 자율주행 레벨3 수준의 전기차인 바이톤Byton 콘셉트 카를 출품하였다. 콘셉트 카의 최대출력은 272마력에 주행거리는 400km에 이르고, 고성능 듀얼 모터 버전의 경우는 524km까지 주행이 가능하다고 밝혔다.

현재 중국은 미국에 이어 인공지능 관련 기업 수가 가장 많은 나라이며, 인공지능 기업 및 기술에 대한 투자가 가장 활발한 나라 중 하나이다. 국가 차원의 신성장 동력을 제4차 산업혁명 관련 기술에서 찾고 있으며, 2030년까지 인공지능 분야 최강국이 되기 위한 3단계 계획을 실행 중이다. 실제로도 인공지능 및 관련 분야에 막대한 자금

지금, 이 모든 변화를 관통하는 8가지 메가 트렌드

을 투입함으로써 변화의 패러다임을 주도하고 있다. 예를 들어 안면인식 기술에 있어서는 중국이 세계 최고의 기술을 가졌다는 데 이견이 없을 정도이다. 중국의 기술력은 딥러닝에 기반한 이미지 빅데이터 분석을 통해 1,000분의 1초 만에 얼굴을 인식하며, 일부 상점에서는 안면인식 결제 또한 이미 지원되고 있다. (이와 더불어 감시사회에 대한 우려의 목소리 또한 높다.)

 미래 변화의 근간이 되는 3가지 메가트렌드 — 3C 한 눈에 보기

연결성 Connectivity / 연결되는 세상, 인터넷과 모든 것의 연결

IoT사물인터넷 기술이 적용된 전자제품들은 앞으로 모두 연결되어 인공지능 시스템으로 제어될 것이다.

ex. 스마트홈과 스마트시티, 커넥티드카 등

융합 Convergence / 융합되는 기술과 산업, 서로 다른 기술과 산업간의 동행

상이한 기업 및 기술의 합종연횡으로 새로운 가치를 창출하고 있다.

ex. 인공지능과 자동차(AI+Car), 사물인터넷과 스포츠(IoT+Sports), 하드웨어와 소프트웨어(Hardware+Software) 등

중국 China / 부상하는 중국, CES와 MWC를 뒤덮은 대륙의 ICT 굴기

CES는 차이나 일렉트릭 쇼China Electronic Show로, MWC는 모바일 월드 차이나Mobile World China로 불리었을 정도로 중국기업들이 대거 참여했다. 중국은 국가 차원에서 인공지능 분야를 육성 중인데 'AI 굴기'라 할 정도다. 2030년까지 인공지능 최강국을 목표로 막대한 자금을 투입 중이다.

미래는 5가지 기술로
결정된다

지금 진행 중이며 가까운 미래에 당신의 일상이 될 변화를 살펴보자.

인공지능은 어디에나 있으며(심지어 AI 칩이 탑재된 작은 단추에도 존재한다), 언제 어디에서든 당신을 지원한다. 당신은 당신이 존재하지 않는 곳에서 그 장소의 물건들을 제어할 수 있다. 예를 들어 유럽 여행 중에도 집 안에 있는 반려견에게 밥과 물을 주고, 이곳저곳을 청소하고 집안을 환기시킬 수 있으며, 자녀의 귀가 시간에 맞춰 따뜻한 식사를 주방에 준비해둘 수 있다. 이따금 당신은 VR로 생생한 레이싱 경기를 체험하길 즐기지만, 평상시 자신의 차량을 몰 때는 핸들을 잡지 않는다. 몇 해 전 자율주행차량으로 차를 바꾼 이후 페달을 밟아본 것이 언제인지 기억이 아득하다.

제4차 산업혁명의 핵심기술로 꼽히는 것은 AI인공지능, 5G5세대 이동통신, IoT사물인터넷, 3D3차원 구현, 모빌리티Mobility, 이동성 등 크게 5가지이다. 이름하여 테크 5Tech 5로 정리할 수 있다.

지금, 이 모든 변화를 관통하는 8가지 메가 트렌드

인공지능

첫 번째 미래 핵심기술은 AI^{Artificial Intelligence}, 즉 인공지능이다. AI는 파트 1에서 설명한 바와 같이 빅데이터를 활용, 기계학습 방식의 머신러닝과 심층학습 방식의 딥러닝을 통해 인간과 유사한 사고를 구현하는 형태로 발전해왔다. 최근에는 인간과 교감하는 형태로 발전하고 있는데 AI 플랫폼 간 본격적인 경쟁으로 인해 발전의 속도는 더욱 빨라질 것으로 보인다. AI를 활용한 분야에는 로보틱스, 자율주행차, AI 비서가 대표적이다.

로보틱스

우리말로 로봇공학을 의미하는 로보틱스^{Robotics}는 AI의 발전과 함께 본격적으로 산업용 로봇 영역을 넘어서고 있다. 미국 핸슨 로보틱스^{Hanson Robotics}의 AI 휴머노이드 로봇 '소피아^{Sophia}', 일본 소프트뱅크^{Softbank}의 감정 인식 로봇 '페퍼^{Pepper}' 등과 같이 인간 생활을 지원하는 방식으로 다양하게 발전하고 있다.

특히 세계 각국의 초고령사회 진입은 로봇을 통한 의료 및 간호 패러다임의 혁신을 앞당기고 있다. 캐나다 토론토대학교가 개발한 AI 로봇 '루드윅^{Ludwig}'과 프랑스 콤파이 로보틱스^{Kompai robotics}의 '콤파이^{Kompai}', 영국 콘시퀀셜 로보틱스^{Consequential Robotics}가 개발한 반려 로

봇 '미로MiRo' 등은 알츠하
이머 또는 치매 징후를
모니터링하거나 환자의
인지 능력을 향상시키고,
노인 및 환자와의 상호작
용을 통해 정서적 안정을
꾀한다.

노인을 위한 반려 로봇 '콤파이'
/ 출처 : 콤파이 홈페이지

또한 CES 2018에서
는 토요타와 혼다가 눈길을 끌었다. 토요타Toyota는 일상생활에서
다양한 방식으로 사람들에게 도움을 줄 수 있는 인간 지원 로봇인
HSRHuman Support Robot을 소개했다. 그리고 혼다Honda는 인류의 고령
화에 대응하기 위한 3E 로보틱스 콘셉트를 발표했다. 여기서 3E는
권능Empower, 경험Experience, 공감Empathy을 줄여 표기한 것으로 사람
의 가능성을 확대하고 함께 성장하며 공감한다는 의미를 내포하고
있다.

"혼다는 로봇을 사람과 충돌하는 것이 아니라, 인간의 잠재력을 확
장할 기회로 본다. 로봇공학의 성과가 더욱 가시화됨에 따라 우리 일
상생활에 필수적으로 사용되며 인간의 잠재력을 열어줄 것이다."

혼다 요시유키 마츠모토Yoshiyuki Matsumoto 전무의 말이다.

지금, 이 모든 변화를 관통하는 8가지 메가 트렌드

◇ 자율주행차

자율주행차Autonomous Vehicle, Self-driving Car로 우리에게 많이 알려진 구글과 우버Uber 외에 CES 2018에서는 리프트와 앱티브, 체트에프와 바이두가 주목을 받았다.

차량 공유 서비스 업체인 리프트Lyft와 소프트웨어 업체인 앱티브APTIV는 라스베이거스의 도로에서 일반 차량과 함께 달리는 자율주행 서비스를 선보였다. 특히 이번 CES 기간에 내린 폭우로 다른 자율주행차량들은 서비스를 중단한 데 반해 리프트와 앱티브는 비가 내리는 와중에도 안정적인 서비스를 제공하여 더욱 큰 관심을 끌었다.

독일의 변속기 전문 글로벌 기업이며 차량용 컴퓨터와 센서 시스템 통합에 경쟁 우위를 보유하고 있는 체트에프는 무사고 실현을 위한 '비전 제로 비히클Vision Zero Vehicle'을 소개했다. 그리고 앞서 소개한 바와 같이 중국 인터넷 검색 1위 기업이

자율주행 서비스를 선보인 앱티브와
체트에프 / CES 2018 촬영

자 중국 자율주행차 간판기업인 바이두, 엔비디아와 함께 중국 시장을 위한 AI 자율주행 플랫폼을 개발하여 선보였다.

왓슨을 탑재한 전기버스 '올리' / CES 2018 촬영

이외에도 IBM은 AI 왓슨을 탑재한 자율주행 전기버스인 올리 Olli를 전시하였다.

2018년 들어 자율주행차 사고와 함께 인명피해가 다수 발생함에 따라 미국에서의 자율주행차 테스트는 잠시 숨 고르기에 들어간 것으로 보인다. 반면에 중국에서는 2025년 완전한 자율주행차 운행을 목표로 각 지방정부가 자율주행차 테스트 도로를 마련하고 자율주행차 면허를 발급하는 등 국자 차원에서 자율주행차 산업을 적극 지원하고 나섰다.

AI 비서

AI 비서 AI Assistant 또한 글로벌 개발 경쟁이 심화되고 있다. 특히 음성인식 기반의 AI 스피커를 중심으로 경쟁이 치열해지고 있는데 이는 미래 AI 플랫폼 경쟁에서 주도권을 차지하기 위함이다. 2017년 말 현재 세계 AI 스피커 시장의 70%는 아마존의 에코가 차지하고 있다. 아마존의 AI 플랫폼 알렉사^{Alexa}는 전 세계 3,500개 기업에서 생산하는 2만 종 이상의 가전기기에 탑재되었고, 구글은 255개 기업의 5,000종 수준에 머물렀다. 참고로 2018년 2분기 시장점유율은 아마존이 41%, 구글이 28%, 알리바바 7%, 애플 6% 순이었다.

CES 2018에서는 많은 업체들이 구글 어시스턴트^{Google Assistant}와 아마존 알렉사 그리고 애플 시리를 활용한 상품과 서비스를 선보였다. 삼성전자의 빅스비 또한 한층 개선된 성능을 보여주었으며 LG전자는 자체 AI 플랫폼인 씽큐^{ThinQ}를 선보였다. 특히 2018년에는 구글의 위세가 막강했는데, CES 현장뿐 아니라 라스베이거스 전역에서 구글 어시스턴트를 부르는 말인 "헤이 구글^{Hey Google}"을 보고 들을 수 있었다. 그리고 그 위세는 IFA 2018로 이어져 행사장 곳곳에서 구글을 만날 수 있었는데 이번에는 사용자가 2개 언어를 동시에 사용해도 그 뜻을 이해하고 작동하는 '다중언어' 기능을 선보여 관람객들을 놀라게 했다.

한편 삼성전자는 전 세계를 대상으로 연간 5억 대 이상의 전자기기를 판매하는 강점을 활용하여 빅스비의 대중화를 앞당기려 하고 있다. 이와 대조적으로 LG전자는 자사 AI 플랫폼인 씽큐 외에 구글 어시스턴트와 아마존 알렉사를 탑재한 전자기기를 개발하여 사용자가 취향에 따라 선택할 수 있도록 지원하고 있다.

⋮⋮⋮ 주요 AI 비서 현황 ⋮⋮⋮

기업명	브랜드명	호출명	적용 매체
아마존	알렉사alexa	알렉사alexa	스피커echo, 스마트폰 (아마존 앱 설치시)
구글	어시스턴트assistant	헤이구글Hey Google	스피커Google Home, 구글워치, 안드로이드폰
알리바바	알리지니AliGenie	티몰지니天猫精灵	스피커Tmall Genie, 자동차(다임러 · 아우디 · 볼보와 협의 중)
애플	시리Siri	헤이시리Hey Siri	스피커, 애플워치, 아이폰, 아이패드, 맥북, 아이맥
마이크로소프트	코타나Cortana	헤이코타나Hey Cortana	스피커Invoke, 윈도우폰, 윈도PC, 헤드셋HoloLens
삼성전자	빅스비Bixby	하이빅스비Hi Bixby	스피커Galaxy Home, 스마트폰Galaxy
카카오	카카오아이Kakao i	헤이카카오Hey Kakao	스피커Kakao mini/C, 카카오 관련 앱
네이버	클로바Clova	샐리야	스피커Wave, 라인 및 네이버 관련 앱
SK텔레콤	누구NUGU	아리아 외 3개 중 선택	스피커, 셋톱박스, 스마트폰(T맵 앱 설치시)
KT	기가지니GiGA Genie	지니야 외 3개 중 선택	스피커, 셋톱박스, 스마트폰(원내비 앱 설치시)

국내에서는 카카오와 네이버 그리고 SK텔레콤과 KT가 AI 비서 서비스 개발에 총력을 기울이고 있지만 여전히 호출명을 제대로 인식

마이크로소프트 윈도10에서 아마존 알렉사를 사용할 수 있다. / 출처 : windowscentral.com

하지 못하는 등 부족한 점이 많고, 해외 시장 진출에 대한 한계도 속속 드러나고 있다. 이런 와중에 구글이 2018년 9월 18일 구글 홈과 구글 홈 미니를 국내에 출시하고 본격적인 시장 확장에 나섰다.

오늘날 AI 비서는 단순히 경쟁우위 확보용 차별요소가 아닌, 지능화와 연결성을 기반으로 하는 ICT 사회의 플랫폼으로 진화하는 중이다.

여기서 잠깐! 2018년 8월 말, AI 플랫폼 시장에 또 하나의 큰 사건이 일어났다. AI 스피커 시장점유율 1위인 아마존이 마이크로소프트와 AI 플랫폼을 공유하기로 한 것이다. 아마존은 윈도10을 사용하는

4차 산업혁명, 무엇을 알고 어디에 투자할 것인가

PC와 노트북 그리고 모바일기기로 시장을 확대하고, 마이크로소프트는 아마존 에코를 통해 사용자층을 확대할 수 있기 때문이다. 1개의 매체에 2개의 AI가 존재하는 형태로써, '오픈Open'이라는 명령어를 사용해 원하는 AI를 호출할 수 있다. 윈도10이 탑재된 기기에서 알렉사를 사용하기 위해서는 "코타나, 오픈 알렉사"라고 말해야 하고, 아마존 에코에서 코타나를 사용하기 위해서는 "알렉사, 오픈 코타나"라고 말해야 한다. 아마존과 마이크로소프트의 제휴로 인해 조만간 AI 플랫폼 간 합종연횡이 이어질 것이라는 전망도 조심스럽게 대두되고 있다.

5세대 이동통신

두 번째 미래 핵심기술은 5G, 5세대 이동통신이다. 5G는 일반 LTE보다 20배 빠른 전송 속도를 나타낼 정도로 혁신적인 기술이며, 사물의 실시간 연결을 위해 반드시 필요한 기술이다. 그런데 5G는 적어도 지금으로서는 우리의 일상생활에 꼭 필요하지 않은 기술이기도 하다. 현재 LTE 기술만으로도 사람들 간의 무선 커뮤니케이션에는 전혀 불편함이 없기 때문이다.

그런데 왜 5G를 위해 통신 관련 유수의 기업들이 세계 표준의 자

지금, 이 모든 변화를 관통하는 8가지 메가 트렌드

리를 두고 막대한 투자와 상용화 경쟁을 벌이고 있을까? 이유는 자율주행차, IoT 등 제4차 산업혁명의 핵심기술들이 그 역할을 제대로 수행하기 위해서는 보다 빠르고 안정적이고 안전한 5G가 반드시 필요하기 때문이다.

예를 들어 인공지능이 탑재된 차량처럼 빠른 속도로 움직이는 사물을 제어하기 위해서는 이전과는 차원이 다른 통신기술이 필요하다. 또한 제4차 산업혁명은 그 특징상 계속해서 정보를 수집하며, 동시에 연결되는 다수의 사물에게 정보를 제공해야 하므로 데이터 사용량이 폭증하고 트래픽이 엄청나게 발생하게 된다. 즉, 현재 일어나고 있는 기술 변화가 일상에서 상용화되기 위해서는 이를 감당할 만한 통신 기술이 필요한데, 그것이 바로 5G이다. 5G는 반경 1제곱킬로미터 안에 백만 개의 사물을 연결할 수 있으며, 시속 500킬로미터로 달리는 고속철도 안에서도 끊김 없는 통신 서비스를 제공한다. 또한 단말기와 서버 간 지연시간_{응답속도}가 1ms_{천 분의 1초}로 짧아져 즉각적인 반응이 가능해진다.

다시 말해, 5G는 제4차 산업혁명의 실행을 위한 견인차 역할을 한다고 하겠다. 그러므로 이 새로운 시장에서 주도권을 잡아야만 미래 통신 산업의 선두주자 그리고 제4차 산업혁명의 선도 기업이 될 수 있을 것이다. 그럼 5G 관련 대표 기업들을 살펴보자.

현재 5G를 선도하는 기업은 단연 퀄컴Qualcomm이다. 퀄컴은 CES 2018을 통해 관련 업체와의 협력을 바탕으로 5G뿐만 아니라 모바일 컴퓨팅과 웨어러블 그리고 자동차 등 거의 모든 미래 산업에서 주도적인 역할을 수행할 것이라고 강조했다. 또한 MWC 2018에서는 5G NRNew Radio, 차세대 무선 접속 기술와 5G 모뎀인 스냅드래곤Snapdragon X50 등을 선보였다.

인텔Intel은 CES 2018에서 첫 상용 5G 칩셋인 XM8000을 공개하였고, 2018년 평창 동계 올림픽에서 KT와 함께 세계 최초로 5G 시범 서비스를 선보였다. 이어서 MWC 2018에서는 커넥티드카를 중심으로 5G 기술 시연에 많은 공을 들였다. 참고로 인텔이 평창에서 선보인 인텔의 드론 쇼는 (많은 분들이 5G로 알고 있지만) 5G가 아닌 와이파이WiFi로 구현한 것이다.

5G를 말할 때 빼놓을 수 없는 업체가 하나 더 있다. 바로 중국의 화웨이이다. 앞서 언급한 바와 같이 화웨이는 CES 2018과 MWC 2018을 통해서 5G 관련 장비와 솔루션 주도 기업으로 자리매김했다. 특히 MWC 2018의 부대행사였던 'MWC 글로모 어워즈'에서 8개 부문을 수상함으로써 그 기술력을 전 세계에 과시했다. 주최 측인 GSMA세계이동통신사업자협의회는 화웨이의 5G 코어 솔루션이 글로벌 5G 상용화의 속도를 가속화하고 있다고 평가했다. 그런데 문제가 생

겼다. 2018년 8월 트럼프 미국 대통령이 정부와 공공기관의 보안 위협을 이유로 중국 기업 제품을 사용할 수 없도록 하는 국방수권법 NDAA(National Defense Authorization Act)에 서명함으로써 미국뿐 아니라 세계 각국이 화웨이의 5G 장비를 도입 검토 대상에서 제외하고 있는 것이다. 추후 향방을 지켜볼 필요가 있겠다.

국내의 경우에도 삼성전자와 SK텔레콤, KT, LG유플러스 등 3대 이동통신사를 포함한 수많은 기업들이 5G 개발을 위해 막대한 투자를 진행하고 있지만 세계 시장에서의 경쟁력은 돋보이지 않는 듯했다. 하지만 최근 미국의 중국산 5G 장비에 대한 사용금지 움직임으로 인해 삼성전자가 유력한 대안으로 떠오르는 모습이다. 2018년 1월 미국 1위 통신사업자인 버라이즌Verizon과 LTE 및 5G 통신장비 공급계약을 체결한 후 5월에 미국 4위 통신사인 스프린트Sprint와 5G 기지국 장비 공급계약을 체결한 데 이어 9월에는 미국 2위 통신사업자인 AT&T의 5G 통신장비 공급업체로 선정되면서 글로벌 5G 선도업체로 발돋움하고 있다.

사물인터넷

세 번째 미래 핵심기술은 IoTInternet of Things, 즉 사물인터넷이다. IoT

는 집 안의 가전제품과 가정용품을 비롯하여 집 밖의 가로등과 도로 등 각종 사물에 통신 기능과 센서를 내장하여 인터넷에 연결하는 기술이다. 다시 말해 무선통신을 이용해서 인터넷과 모든 사물을 연결하는 기술을 의미한다. 그리고 여기서 연결한다는 것은 온라인On-Line 상태를 유지하는 것으로, 이는 IoT의 필수조건이다.

IoT라는 용어가 사용된 지 어느덧 20여 년이 되었지만 최근까지 IoT는 B2C 시장에서보다는 B2B 시장에서 산업인터넷Industrial internet 을 통한 비용 절감 차원에 한정하여 성장해왔다. 대표적인 예로 GE 를 살펴보자.

GE는 클라우드 기반의 산업용 빅데이터 소프트웨어 플랫폼인 프레딕스Predix를 개발하여 항공, 전력, 운송 등 B2B 산업 내 다양한 매체와 디바이스를 인터넷에 연결하였다. 그리고 거기서 수집한 데이터를 분석하여 산업별로 1%의 효율을 개선함으로써 막대한 비용을 절감하고 있다.

프레딕스는 GE가 수년간 10억 달러 이상을 들여 개발한 것이지만, 그 활용범위는 산업용 IoT 솔루션에만 국한되었다. 하지만 기술의 발달은 일상생활에서도 온라인 상태를 유지하면서 IoT가 5G, 빅데이터, 음성인식, AI와 결합할 수 있는 환경을 이끌었다. 다시 말해 B2C 시장에서도 IoT의 진가가 서서히 드러나고 있는 것이다. CES 2018

에서는 IoT 기술을 활용하여 보다 진일보한 스마트홈 시스템이 다수 눈에 띄었다.

삼성전자의 경우, AI 플랫폼인 빅스비를 기반으로 한 IoT 시스템을 선보였다. 애플리케이션인 스마트싱스 앱SmartThings App이 탑재된 생활가전, 주방가전, 세탁가전 등 모든 가전제품이 빅스비를 통해 제어되는 장면을 시연했다.

"하이, 빅스비. 굿나잇."

스마트폰에 말하면 앱에 연동되어 있는 가전이 일시에 꺼진다. 삼성전자는 2018년 초반 CES에서의 시연 이후 곧이어 스마트싱스 앱으로 제어되는 전기레인지 인덕션, 의류청정기에어드레서, 드럼세탁기, TV, 에어컨 등 빅스비 내장 제품 및 스마트에너지 서비스 등을 선보였다.

LG전자는 구글 어시스턴트와 연계한 AI 브랜드인 씽큐를 통해 IoT 기반 가전제품을 소개했고, 코웨이Coway는 아마존 알렉사, 애플 홈킷Home Kit 등과 제휴하여 스마트 디바이스를 통해 조작할 수 있는 공기청정기를 발표했다.

미국의 대표 가전제품 업체인 월풀Whirlpool 또한 IoT 기술이 적용된 제품들을 소개했다. 아마존 알렉사, 구글 어시스턴트뿐만 아니라 애플워치 앱을 기반으로 와이파이를 통해 제어할 수 있는 전자레인지와 냉장고 등을 전시했다.

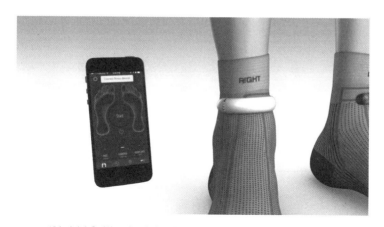

센소리아가 출시한 스마트 양말은 앱과 연동되어 건강 정보를 관리한다. / 출처 : 센소리아 유튜브

5G의 상용화 시점인 2020년에는 IoT를 통해 전 세계 500억 개의 단말기가 온라인에 연결될 것으로 예상된다. IoT를 적용하는 산업은 점점 더 늘어나고, 한계가 사라질 것이다. 예를 들어 정보기술과는 거리가 멀어 보이는 의류 산업에도 IoT가 활발히 적용되고 있다.

일례로 미국에서는 최근 스마트 양말Smart Socks이 출시되어 인기다. 조깅용, 당뇨환자용, 영유아용 등 다양한 용도로 상품화가 진행되고 있다. 이러한 스마트 의류들은 특히 데이터 기반 실시간 의료 커뮤니케이션을 의미하는 커넥티드 케어Connected Care 기술과 연계됨에 따라, 의류 산업과 헬스케어 산업 간 융합을 통해 미래 성장동력으로 자리매김할 것으로 보인다. 커넥티드 케어 기술은 실시간으로 환자나 노

약자 또는 장애인의 상태를 파악할 수 있도록 지원함으로써 위급 상황에 신속하고 적절한 대응이 가능하도록 돕는다.

3D

네 번째 미래 핵심기술은 3D^Third Dimension, 3차원 구현이다. 3D는 3D 스캐닝과 3D 프린팅 그리고 AR·VR, 즉 증강현실과 가상현실을 포함한다. 3D와 관련한 기술, 특히 AR과 VR은 상대적으로 발전 속도가 느린 편이다. 하지만 하드웨어와 소프트웨어의 지속적인 발전을 바탕으로 다양한 콘텐츠가 끊임없이 개발되면서 엔터테인먼트뿐 아니라 산업 현장에서 다양하게 활용되고 있다.

3D 스캐닝과 3D 프린팅

3D 스캐닝^3D Scanning이란 대상물에 레이저나 백색광을 투사하여 대상물의 형상 정보를 취득하고 이를 디지털 정보로 전환하여 2차원의 평면이 아닌 3차원의 입체 형태로 표현하는 것을 말한다. 3D 프린팅 ^3D Printing이란 3차원 형태로 표현된 디지털 정보를 플라스틱 등의 경화성 소재를 이용하여 입체 모형으로 만들어내는 것을 의미한다. 그리고 3D 스캐너와 3D 프린터는 그러한 작업이 가능한 장비를 가리킨다.

4차 산업혁명, 무엇을 알고 어디에 투자할 것인가

3D 스캐닝과 3D 프린팅은 생산과 소비의 시간 차이를 줄이고 고객에게 꼭 맞는 상품을 제공함으로써 비용을 절감하고 부가가치를 창출할 수 있다는 장점 때문에 여러 산업을 통해 다양한 형태로 대중화되고 있다. 더불어 CES에서는 지난 2014년부터 3D 프린팅 코너를 별도로 마련하여 3D 프린팅 산업의 진흥을 돕고 있다.

3D 스캐닝과 3D 프린팅은 독자들에게 먼 이야기처럼 들릴 수 있으나, 사실은 이미 일상생활에 가까이 와있다. 3D 스캐닝과 3D 프린팅을 이용한 상품 몇 가지를 소개한다.

미국 뉴욕의 맞춤정장 업체인 하이브앤콜로니Hive & Colony는 고객으로부터 주문을 받으면 3D 스캐너가 갖춰진 쇼룸 트럭을 몰고 직접 고객을 찾아가 1분만에 고객의 치수를 자동으로 측정함으로써 몸에 꼭 맞는 정장을 제작한다.

이와 비슷하게, 국내 가발전문 회사인 하이모도 포터블 3D 스캐너를 활용한 방문 상담 서비스를 최근 시작했다.

캐나다 온타리오 주의 신발 제조기업인 TDL시스템은 3D 스캐너로 사용자의 발 크기와 모양을 정확하게 측정하고 3D 프린터로 샌들을 제작하여 몇 시간 안에 고객에게 제공하는 'O.L.T 풋케어footcare'라는 맞춤형 비즈니스 모델을 실제로 구현했다.

치과기공사들의 영역이던 치과 보철에서도 3D 프린팅이 대세가 되어가고 있다. 3D 스캐너로 입 안의 치아 형태를 데이터화하고 이를 활용해 보철기구를 3D 프린터로 출력하는데, 미국의 얼라인테크놀로지Align Technology, Inc의 투명 보철 인비절라인Invisalign이 대표적이다. 우리나라에도 인비절라인을 도입하여 3D 프린팅으로 보철을 만들어 사용하는 치과를 쉽게 찾을 수 있다.

◇ AR과 VR

지난 2016년 전 세계에 엄청난 돌풍을 몰고 온 '포켓몬고' 덕분에 ARAugmented Reality과 VRVirtual Reality은 독자들에게 조금은 익숙한 단어가 되었을 것이다. 거기에 AR과 VR을 섞어놓은 개념으로 최근 새롭게 등장한 MR^{Mixed Reality}이 있다. 이해를 돕기 위해 3가지 개념의 핵심을 쉽게 정리해보겠다.

AR^{증강현실}은 현실 정보 위에 가상정보를 구현한 것이다. 현실에 도움이 되는 정보를 추가할 수 있으나, 시야와 정보가 분리되어 현실감이 떨어진다. VR^{가상현실}은 현실 세계를 차단하고 디지털 환경을 구현한다. 입체감과 몰입감을 주는 영상을 구현할 수 있으나, 컴퓨터 그래픽으로 현실감이 떨어진다. MR^{혼합현실}은 현실 정보에 기반하여 가상정보를 융합한 것으로, 현실과 상호작용이 가능하다. 그러나 막대한 데이터 처리용량이 필요한 것이 단점이다.

CES 2018에서는 많은 업체들이 다양한 방식으로 AR과 VR을 시연했고 CES 자체적으로도 AR와 VR의 발전을 위해 많은 기회를 제공해왔다.

CES 2018에서 가장 돋보인 AR 사례는 퍼펙트^{Perfect Corp}가 선보인 '유캠메이크업^{YouCamMakeup}'이라는 앱이다. 현재 세계적으로 인기를 얻고 있는 이 앱은 AR과 AI를 이용, 화장을 하지 않은 상태에서 사용자에게 메이크업 시뮬레이션을 제공한다.

이번 CES에서 VR을 활용한 사례는 자율주행 관련 콘텐츠가 주를 이루었는데 그 외에도 소니^{Sony}의 플레이스테이션 VR 게임인 '라스트 가디언^{The Last Guardian}', 토요타의 AI 자율주행 콘셉트 차량인 '파인컴

지금, 이 모든 변화를 관통하는 8가지 메가 트렌드

포트 라이드Fine-Comfort Ride', 벨 헬리콥터Bell Helicopter의 콘셉트 디자인인 '에어택시Air Taxi' 등이 돋보였다. 그리고 MWC 2018에서는 삼성전자의 갤럭시S 9에 탑재된 'AR이모지AR emoji', 인텔이 협력업체들과 선보인 여러 VR 콘텐츠 등이 인기를 끌었다.

이외에 AR을 이용해 독특한 서비스를 제공하는 기업들이 있어 또한 화제다. 일본 치바 현의 중소기업인 료신세키자이가 개발한 '스팟 메시지Spot Message' 앱은 사용자가 지도에 위치를 정하고 그 자리에 특정 사진이나 동영상을 지정하여 추후에 해당 위치에 접근할 때 그 사진이나 동영상이 나타나게 한다. 이를 통해 돌아가신 분이나 프러포즈한 배우자, 스포츠 플레이어의 모습 등을 회상할 수 있다.

그리고 이스라엘의 스타트업 VR피지오VR Physio는 VR을 이용한 재활치료 솔루션을 선보였다. VR피지오는 TV나 컴퓨터가 아닌 스마트폰을 활용해 게임처럼 즐길 수 있는데 미국 FDA 승인을 획득한 후 현재 이스라엘 공군과 미국 보스턴의 일부 클

VR피지오를 시연하는 모습 / 출처 : VR피지오 홈페이지

4차 산업혁명, 무엇을 알고 어디에 투자할 것인가

리닉 그리고 스포츠 구단에서 활용 중이다.

이동성(모빌리티)

다섯 번째 미래 핵심기술은 이동성Mobility, 다시 말해 이동을 통한 부가가치 창출이다. 단순히 이동을 통한 가치 전달에서 탈피하여, 이동 중 부가가치를 창출하는 형태로 진화하고 있다. 또한 시대가 변하고 세대가 달라짐에 따라 '소유하는 것'에서 '공유하는 것'으로 자동차의 가치도 변화하고 있다. 이러한 변화가 가능하게 된 원동력은 자율주행 기술로, 따라서 이동성은 자율주행 기술을 근간으로 한다.

CES 2018에서 미래도시를 콘셉트로 한 전시장을 선보인 포드Ford의 경우를 보자. 포드는 2016년 포드패스Ford Pass를 발표하며 고객경험 서비스 플랫폼 기업으로의 변신을 선언한 바 있다. 포드패스는 자동차와 모바일 기기를 연결하며, 차량에 문제가 발생할 경우 곧장 앱에 알림이 전송되는 차량 IoT 서비스이다. 여기에 이어 포드는 도미노피자와 제휴협력을 바탕으로 자율주행 배달차량을 소개하고 상용화할 계획을 발표했다. 포드의 CEO인 짐 해킷Jim Hackett은 자율주행 배달차량이 차량 간 커뮤니케이션을 바탕으로 도시의 이동성 공급자로 진화할 것이라고 밝혔다. 2017년 여름에 포드는 미시간주 앤

포드가 선보인 자율주행 배달차량 / CES 2018 촬영

아버 시에서 도미노 자율주행 배달을 시범운행(정확히는 연구용)한 바 있는데 당시 앤아버 시장인 크리스토퍼 테일러Christopher Taylor는 "우리 시가 자율주행차량 연구의 최전선에 서게 되어 매우 기쁘다"며 "오늘은 피자 배달이지만, 이 같은 협력이 내일의 혁신을 더욱 가능하게 만들 것이다"라고 말하기도 했다.

그런가 하면 토요타는 AI 자율주행 콘셉트 차량 외에 다목적 모빌리티 서비스MaaS : Mobility as a Service 전용 전기차인 'e-팔레트 콘셉트e-Palette Concept'를 선보였다. 이를 통해 이동뿐만 아니라 물류 및 판매 등 다양한 서비스로 일상생활을 지원하는 새로운 모빌리티를 제안했으며, 오는 2020년 도쿄 올림픽에서 시연할 예정이다. e-팔레트는 토요타의 독자적인 모빌리티 서비스 플랫폼Mobility Services Platform을 활용, 이에 연결된 차량에 첨단 이동성 기술 서비스를 제공한다. 그리고 더 나아가 특수 목적 차량 등의 하드웨어를 개발하고, 개방형 차량 제어 인터페이스 및 자율주행 시스템과 차량 관리 같은 관련 소프트웨어 툴을 지원하는 등 하드웨어와 소프트웨어 지원 생태계를 창출하고자 하는 시도이다. 포드가 도미노피자와 협력하고 있듯 토요타 또한 피자헛, 아마존, 우버, 디디 등과 협력하여 이동성 서비스 비즈니스 개발에 박차를 가하고 있다.

"자동차 산업은 충전, 연결 및 자율주행 등의 기술이 중요한 진보를 이룩하며 가장 극적인 변화의 시대에 접어들었다… (e─팔레트 콘셉트는) 지속 가능한 이동성으로의 진화를 위한 중요한 진보이자, 전통적인 자동차와 트럭을 뛰어넘는 지속적인 확장을 보여준다."

토요타의 CEO 토요타 아키오 Toyoda Akio 의 말이다.

한편 이동성 분야에서 가장 이해하기 쉽고 대중화된 개념 중 하나는 드론이다. 사람을 태우고 이동하는 무인 드론 택시부터 바닷속을 자유롭게 탐사하는 수중 드론까지 다양한 사업화가 진행되고 있다.

두바이는 2017년 2차례에 걸쳐 무인 드론 택시의 시범운행을 완료했다. 독일 스타트업 기업인 볼로콥터 Volocopter 와 협약을 맺고 9월에 '볼로콥터 2X' 모델로 시험비

작년 9월 두바이에서 시험비행을 한 볼로콥터의 개인형 자율비행체(PAV) / 출처 : 두바이 도로교통청(RTA)

지금, 이 모든 변화를 관통하는 8가지 메가 트렌드

행을 진행했다. 또한 2월에는 중국 드론업체인 이항Ehang과의 협약을 통해 1인승 자율운항 드론인 '이항 184' 모델을 활용한 시험비행을 마쳤다. 무인 드론 택시의 상용화를 주도하고 있는 두바이 도로교통청 RTA(Roads & Transport Authority)은 무인 드론 택시의 도입 5개년 계획에 따라 오는 2022년 하반기에 상용화를 목표로 업무를 추진하고 있으며 현재 수요 연구와 기술 평가를 진행 중이다.

차량 공유 플랫폼 기업인 우버는 빠르면 2020년 상용화를 목표로 거대한 드론 형태의 하늘을 나는 자동차를 의미하는 플라잉 카Flying car를 개발 중이다. 건물의 옥상 등에 설치된 스카이포트에서 수직으로 이착륙하는 플라잉 카는 궁극적으로 자율비행을 지향한다. 현재 우버는 미 항공우주국NASA와 함께 '우버에어UberAIR' 서비스를 개발하고 있는데 구글 창립자 겸 알파벳 CEO인 래리 페이지가 후원하는 자율비행 택시 회사인 키티호크Kitty Hawk사와 경쟁하고 있다.

중국은 전 세계 일반 소비자용 드론의 90%를 생산하는 드론 대국이다. 더욱이 2017년에는 수중 탐사 드론이 등장했다. 벤처기업인 로보씨Robosea는 무선으로 작동하는 물고기 모양의 수중 탐사 드론인 '비키Biki'를 출시했다. 그리고 베이징의 드론 신생기업인 파워비전PowerVision은 유선으로 작동하는 낚시용 수중 드론인 '파워레이PowerRay'를 개발했다.

드론트랙커 솔루션을 선보인 디드론의 홈페이지

호주의 노던 테리토리Northern Territory 주에 위치한 우버에어Uber Air Pty Ltd는 지형 탐사드론, 일명 '매핑 드론Mapping Drone'을 운영하여 지도 설계 제작, 원거리 탐사, 데이터 분석, 3D 도면 서비스 등을 제공하고 있다. 참고로 이 회사는 우리가 알고 있는 차량 공유 서비스 업체인 우버와는 관련이 없는 별도의 회사이다.

그런데 아이러니하게도 드론의 발전에 따라 드론을 이용한 범죄도 크게 늘어날 것으로 예상되며 드론을 무력화시키는 기술인 안티드론Anti-Drone 기술의 수요가 폭발적으로 증가하고 있다. 대표적인 업체로는 독일 카셀Kassel 지역의 디드론Dedrone 사가 있는데 이 회사는 라디오 주파수를 활용해 드론을 추적하는 '드론트랙커Drone Tracker'를 개발하였다. 드론트랙커는 다보스포럼 등 세계적인 행사장소와 각국의

지금, 이 모든 변화를 관통하는 8가지 메가 트렌드

교도소, 스포츠 경기장에 설치되어 드론을 통한 범죄를 예방하고 있는데 설치를 요청하는 기관과 기업들이 크게 증가하고 있다.

이상 미래 변화를 이끄는 5가지 핵심기술에 대해 짧게나마 정리하였다. 이어서 테크 5가 이끄는 미래의 시장 규모를 추정해본다.

 미래 변화를 이끄는 5가지 메가 트렌드 — 테크 5 핵심 정리

AI / 빅데이터를 통한 딥러닝에서 사람과의 교감으로

AI 플랫폼 경쟁이 본격화

5G / 일반 LTE의 20배 빠른 전송 속도

사물의 실시간 연결을 위해 필수 조건

IoT / 인터넷과 모든 사물을 연결장치

핵심은 상시 온라인On-line

3D / 하드웨어, 소프트웨어, 콘텐츠의 발전 지속

일상생활과 산업 현장에서의 다양한 활용

Mobility / 이동을 통한 가치의 전달 → 가치의 창출

자동차 가치의 변화 : 소유 → 공유

테크 5가 이끄는
미래의 시장

미래를 열어가는 핵심기술, 테크 5는 2016년 기준으로 약 1조 5천억 달러 규모의 시장을 형성했다. 2016년 대한민국의 GDP가 1조 4천억 달러[세계 11위] 규모였으니 이미 테크 5의 시장 규모가 상당한 수준임을 알 수 있다. 참고로 1조 5천억 달러는 우리 돈으로 1,500조 원이 넘는 어마어마한 규모이다.

그런데 우리가 주목할 점은 현재가 아니다. 바로 테크 5가 이끄는 미래의 시장이다. 업계의 발표 자료 등을 종합해보면 테크 5가 형성하는 시장 규모가 2020년에는 2016년의 1.7배인 2조 6천억 달러, 2025년에는 약 4배에 가까운 5조 7천억 달러에 이를 것으로 전망된다. 5조 7천억 달러는 2016년 GDP 세계 2위인 중국[11.4조 달러]의 절반 수준이자 세계 1위인 미국[18.5조 달러]의 3분의 1 수준이다.

2016년 기준으로 시장규모가 적은 기술 순으로 좀 더 자세히 살펴보자.

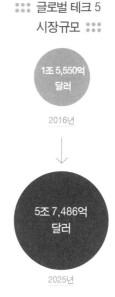

글로벌 테크 5
시장규모

1조 5,550억
달러

2016년

↓

5조 7,486억
달러

2025년

자료 : 2020년까지는 업계 데이터 종합, 2021년부터는 자체 추정치

테크 2인 5G는 오는 2020년 상용화를 목표로 기술 시현과 글로벌 기술 표준 마련 등 사업화를 위한 막바지 준비 단계로 이르렀다. 오는 2020년을 기점으로 형성되는 시장은 378억 달러로 예상되는데 이후 2025년에는 7,914억 달러로 성장, 연평균 86%의 성장률을 나타내며 5가지 테크 중 가장 높은 성장세를 기록할 것으로 보인다.

다음으로 2016년 108억 달러의 시장을 형성한 테크 4, 즉 3D를 보자. VR과 AR의 본격적인 성장세 및 MR과 3D 프린팅의 대중화에 힘입어 2020년에는 921억 달러로 9배 가까이 성장할 것이다. 그리고 2025년에는 3,138억 달러로 29배 이상 성장할 것으로 보이는데 이때 연평균 성장률은 47%에 이른다.

그렇다면 2016년 시장 규모가 14억 달러 수준에 불과한 테크 1, AI는 어떨까? 2020년에는 7배 수준인 105억 달러, 2025년에는 43배 수준인 597억 달러에 이를 것으로 예상되는데 이는 연평균 53%의 성장을 의미한다. AI 시장 규모 자체는 5가지 테크 중 상대적으로 가장 적은 규모이지만 AI를 활용한 상품과 서비스는 나머지 테크 5와 기존 산업에 있어 막대한 부가가치를 창출하게 될 것이다.

이어서 2016년 6,250억 달러의 시장을 형성한 테크 3, IoT는 2020년에는 2배에 가까이 성장한 1조 1,384억 달러, 2025년에는 3배 이상 성장한 1조 9,938억 달러에 달할 것으로 예상된다. 이러한 IoT의 성

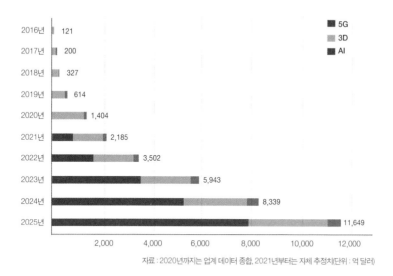

자료 : 2020년까지는 업계 데이터 종합, 2021년부터는 자체 추정치(단위 : 억 달러)

장은 사물 간 실시간 연결이라는 조건을 충족시킬 수 있는 5G의 성장과 더불어 급격하게 이루어질 것이다.

마지막으로 2016년 9,198억 달러의 시장을 형성하고 있는 테크 5, 모빌리티는 자율주행차와 이를 통한 다양한 모빌리티 서비스를 통해 2020년에 1조 3천억 달러, 2025년에 2조 6천억 달러의 시장으로 성장할 것이다. 여기에 더하여 드론 또한 안티드론, 보안 등 새로운 수요의 폭발적인 증가로 지속적인 성장이 예상된다.

그렇다면 세계 각국의 기업들이 테크 5 투자에 열을 올리는 이유

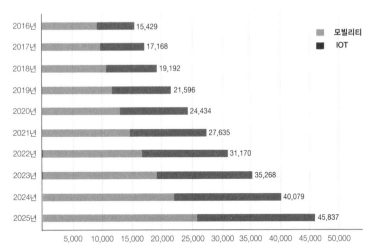

::: IoT·모빌리티 시장 전망 :::

	모빌리티
	IOT

2016년 15,429
2017년 17,168
2018년 19,192
2019년 21,596
2020년 24,434
2021년 27,635
2022년 31,170
2023년 35,268
2024년 40,079
2025년 45,837

5,000 10,000 15,000 20,000 25,000 30,000 35,000 40,000 45,000 50,000

자료 : 2020년까지는 업계 데이터 종합, 2021년부터는 자체 추정치(단위 : 억 달러)

는 무엇일까? 바로 우리의 미래를 선점하고 주도하기 위함이다.

이로써 우리는 미래 변화의 방향을 확인했다. 이제는 누가 미래를 위해 준비하고 있고 앞서가고 있는지 알아봐야 한다. 늦었다고 생각하지 말라. 우리는 방향의 흐름을 잡았고, 이제 그 흐름에 중심에 선 기업을 찾아내면 된다.

이어지는 3장에서는 테크 5를 선도하고 있는 미국 실리콘밸리의 핵심 기업과 그 기업에 근무하고 있는 이들의 이야기를 직접 들어본다.

배정훈

PART 3

실리콘밸리, 미래의 최전선에서 본 리얼 시나리오

_ 4차 산업혁명은 어떻게 진화하는가?

기업들이 관심을 가지는 것은 타깃 사용자의 행동패턴을 다수의 데이터로부터 얻어내는 것이다. 이를 통해 사용자가 원하는 것을 추론하여 각 종 광고와 서비스를 제공한다. 사용자 자신도 모르는 니즈를 기업이 제안해주는 식이다. 그럼 지금부터 실리콘밸리의 대표적 기업들을 중심으로, 이들이 빅데이터를 어떻게 얻고 사용하는지, 그리고 그 과정에서 AI가 어떠한 역할을 수행하는지 알아보겠다.

익히 알다시피 제4차 산업혁명의 이전에 제1차, 제2차, 제3차 산업혁명이 있었다. 기술경제의 패러다임이 바뀐 일련의 상황을 '혁명'이라고 부르는 이유는 자명하다. 획기적인 기술 발명의 결과, 생산성이 가히 폭발적으로 증가했기 때문이다. 지금까지의 산업혁명은 세계 각국이 경제 발전의 활로를 찾지 못하고 정체기에 빠졌을 때 다음 100년을 버틸 수 있는 경제 발전의 원동력이 되어주었다. 미국과 영국 등이 선진국으로 발돋움할 수 있었던 계기 또한 산업혁명이었다. 우리나라 역시 제3차 산업혁명의 물결에 잘 올라탐으로써 현재에 이르렀다고 볼 수 있다.

이처럼 산업혁명은 나라의 운명을 결정 짓는 기회가 되어준다. 25년 전 인터넷이 등장한 직후 초기 통신망부터 시작하여 현재의 모바일·미디어 산업에 이르기까지 인터넷 혁명이 불러일으킨 파급효과를 생각해보자. 이를 기반으로 우리나라는 선진국의 하청 제조업을 넘어서 IT 강국으로 도약했다. 단순히 새로운 기술이 등장하여 생활이 편리해진 것을 넘어서서, 한 국가의 경제 성장까지도 좌지우지할 수 있는 것이 바로 산업혁명이다.

지금 벌어지는 변화의 중심에
AI가 있는 이유

오늘날 산업혁명이 도래하는 간격은 점점 더 빨라져 우리는 또 다른 혁명을 맞닥뜨리고 있다. 제3차 산업혁명이 일어난 지 불과 30~40년 만이다. 현대 사회는 과거와는 비교할 수 없을 만큼 발전 속도가 빠르며 이는 앞으로 더 가속될 것이다. 그리고 그 가속을 이끄는 중추는 바로 AI인공지능이다.

이번 장에서는 AI 산업을 기준으로, 어떠한 분야가 AI 산업과 유기적으로 연동되고 있는지 살펴볼 것이다. 또한 미래에 주목해야 할 것은 어떤 분야이며, 왜 그 분야가 미래 산업을 이끄는 원동력이 되는지 생각해본다.

제4차 산업혁명을 인체에 비유하자면, AI는 머리와 같다. AI에 가장 주목하며 신경을 써야 하는 이유이다. 실제로 과거의 산업혁명이 경제 발전에 어떤 영향을 미치는지 체험한 서방 선진국은 물론, 이제 막 산업화에 눈 뜬 신흥국들 또한 앞다퉈 제4차 산업혁명에 투자하고 있다. 중국과 미국은 AI 스타트업 투자금액 및 관련 논문 출간에 있어 전 세계 1, 2위를 다투고 있으며, 독일은 인더스트리 4.0 Industry 4.0 이라는 기치 아래 기업들을 지원한다.

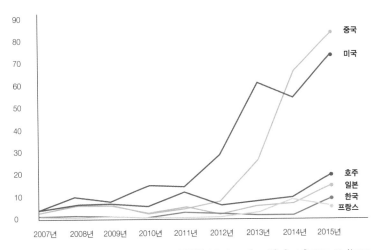

∴∴∴ 딥러닝 연구논문이 타 논문에서 인용된 횟수 ∴∴∴

90	
80	중국
70	미국
60	
50	
40	
30	
20	호주
10	일본 / 한국
0	프랑스

2007년 2008년 2009년 2010년 2011년 2012년 2013년 2014년 2015년

자료 : www.techpolicy.com/Blog/January-2017/What-to-Learn-from-US-Govt-Strategy-on-AI.aspx

AI가 머리의 역할을 하기 위하여 필요한 제반 기술들이 있다. IoT 플랫폼, 5G, 클라우드, 빅데이터 처리 기술, 센서 기술, 반도체 등이 그 것이다. 이들은 AI와 떼려야 뗄 수 없는 밀접한 관련이 있으며, 동반 성장을 통해서만 그 가치가 드러날 수 있는 구조이다. 이와 관련해 이번 장에서는 실리콘밸리의 첨단 기업에서 근무 중인 전문가들에게 제4차 산업혁명과 제반 기술들의 연관관계에 대해서도 들어볼 것이다. 그리고 그들이 생각하는 미래의 기회에 대해서도 살펴볼 것이다. 책을 다 읽을 여유가 없는 독자라면, 밑줄 친 부분만이라도 꼭 읽기

를 권한다. (사실 제4차 산업혁명 관련 분야를 모두 아우를 수 있는 것은 '드론'이다. 그러나 기업 보안 문제 등으로 재직 중인 전문가를 섭외하기가 어려웠다. 어렵게 성사된 경우에는 익명으로 인터뷰를 진행했는데 결국에는 모두 인터뷰가 중단되었다. 이로 인하여 피치 못하게 드론 분야가 빠졌음을 밝혀둔다.)

AI의 영역은 누구에게나 열려 있지만 데이터는 다르다

자동차나 반도체는 대기업이라 해도 쉽게 접근하기 어려운 산업이다. 이와 달리 AI는 누구나 쉽게 접근하고, 진입할 수 있다. 특히 개발자들을 위한 툴과 학습 교재는 이미 인터넷 상에 무수히 존재한다. 노트북과 인터넷만 있으면 누구나 기초부터 응용까지, 여러 단계의 개발이 가능하다. 그것도 무료로 말이다. OS부터 개발 툴, 클라우드 서버, 교육 교재까지 다 오픈되어 있으므로, 이론상으로는 노트북만 있으면 누구나 손쉽게 그리고 비용을 들이지 않고 AI를 개발하는 것이 가능하다.

AI 개발에 입문하는 방법 중 다소 극단적인 예를 들어보자. 일단 무료로 제공되는 우분투 OS^{Ubuntu OS}를 노트북에 설치하고, 도서관이나 카페의 무선 인터넷을 이용하여 아나콘다^{Anaconda, 파이썬 패키지 매니저 중 하나}를 설치한다. 그리고 무료 온라인 강의를 제공하는 유다시티^{Udacity}에서 파이썬^{Python}, 깃허브^{Git & Github}, 딥러닝 관련 강좌를 듣는다. 수학적 지식이 부족하다 싶다면 칸 아카데미(살만 칸이 만든 비영리 교육 서비스로 무료 동영상 강의를 제공한다)를 이용해 공부한다. 데이터 사이언스와 머신러닝 문제를 놓고 누가 더 나은 해법을 제시하는지 경연

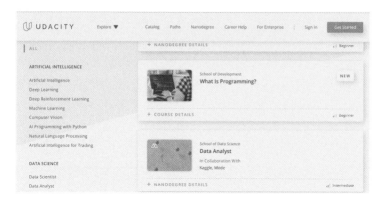

유다시티에서 제공하는 강좌들 / 출처 : 유다시티 홈페이지

을 벌이는 플랫폼인 캐글 챌린지Kaggle Challenge를 통해 실제 데이터들을 가지고 문제를 풀어보고, 운이 좋아 우승까지 한다면 상금도 받을 수 있다. 만약 상금을 받으면 가지고 있는 노트북은 성능이 나쁘니 따로 설치가 필요 없는 구글의 코랩Colab을 이용해 심화신경회로망deep neural net을 훈련한다. 그리고 이상의 내용과 노하우 등을 깃허브와 개인 블로그 등을 통해 공유함으로써 오픈 소스 커뮤니티에 기여한다.

이 정도 되면 구글이나 페이스북은 아니더라도 머신러닝이나 데이터 사이언스와 관련해서는 웬만한 직장을 얻을 수 있을 것이다. 만약 C/C++ 코딩 기술까지 갖췄다면 선택의 폭은 더욱 넓어진다. 코딩 기술이 없다면 코딩 교육 사이트인 릿코드LeetCode, 인터뷰비트

실리콘밸리, 미래의 최전선에서 본 리얼 시나리오

InterviewBit, 코드파이트CodeFight 등에서 연습하고, 실력이 쌓이면 톱코더TopCoder에서 활동도 해본다. 그리고 이렇게 잡은 직장에서 밑바닥부터 실무 경험을 쌓고, 아이디어가 생기면 특허를 내서 투자를 유치한다.

지금까지 언급한 내용 중 유료 서비스는 단 하나도 없다. 다만 문제는 데이터이다. 이것들을 실제 비즈니스에 활용하려면 데이터를 수집해야 하는데, 개인이 그 일을 하기란 쉽지 않다. 우리가 인터넷에 남기는 모든 흔적이 기업에게는 중요한 가치를 가지는 정보이다. 즉, 결제·채팅·검색 기록·로그인 기록·좋아요·나빠요·사이트 체류 시간·선호 동영상 등 온라인 상의 모든 행동이 정보이다. AI 분야에서 대기업과 개인 혹은 중소 사업자를 가르는 결정적인 차이는 바로 이러한 데이터들의 양에 있고, 또 그것을 어떻게 구해서 사용하느냐에 달려 있다.

미래에는 데이터가 성패를 좌우한다

그렇다면 왜 데이터가 중요한 것일까? AI를 말할 때 빼뜨릴 수 없는 것이 딥러닝이다. 그런데 모든 문제에 딥러닝이 필요한 것은 아니다. 딥러닝에 알맞은 문제는 따로 있다. 규모가 크고 복잡한 문제일수록 딥러닝은 기존 머신러닝을 뛰어넘는 성과를 보인다. 그런데 딥러닝의 맹점은? 바로 빅데이터를 필요로 한다는 것이다. 아무리 학습방법이 훌륭해도 학습재료^{데이터}가 부족하면 무용지물이다. 어중간하게 데이터를 가지고 있다 해도 소용이 없다.

그렇다면 정보량이 많으면 만사형통일까? 그렇지도 않다. 제3차 산업혁명은 디지털 기기와 인터넷의 등장으로 이른바 '정보의 공유라는 측면에서 많은 사회변화를 일으켰다. 인터넷이 생기기 전, 지식과 정보는 그것을 독점한 일부 소수에게 있어 계층을 보장하는 중요한 무기였다. 정보를 독점한 소수와 그렇지 못한 다수 간에는 심각한 격차가 존재했다. 인터넷의 등장은 그 같은 정보 불균형을 상당 부분 해소하였다. 이제 우리는 필요로 하는 정보를 손쉽게 인터넷 매체를 통해 접할 수 있다. 어지간한 정보와 지식, 경험은 더 이상 새로운 것이 아니다. 쉽게 표현하자면, 누구나 "아, 나도 그거 해봤어" 또는 "먹어봤어", "가봤어"라고 말할 수 있는 시대가 된 것이다. 그 결과 오늘날은 앨빈 토플러^{Alvin Toffler}가 언급한 '정보 과다'의 시대가 되었다.

이제 문제는 정보의 부재가 아니다. 넘쳐흐르는 정보 중 정말 필요로 하는 정보를 찾아내는 능력이 중요해졌다. 그 능력은 단순히 검색엔진 툴을 잘 다룬다고 해서 얻어지지 않는다. 검색의 이유와 목적, 즉 원하는 바를 구체적이고 정확하게 인식한 상태에서 가치 있는 정보를 선별·접근할 수 있어야 한다. 이것이 바로 작금의 정보 과잉 시대에 요구되는 능력이다.

기업들 또한 마찬가지다. 어떠한 기업은 엄청난 양의 데이터를 보유할 수 있다. 그렇다고 해서 어쩌란 말인가? 데이터는 일단 양이 축적되어야 하지만, 그다음으로 중요한 것은 바로 분석 능력이다. 빅데이터 속에서 비즈니스의 성패를 좌우할 유의미한 결과를 도출해내야 한다. 앞으로는 이처럼 데이터를 잘 다루는 기업이 비즈니스에서 반드시 승리하게 되어 있다.

기업들이 관심을 가지는 것은 타깃 사용자의 행동패턴을 다수의 데이터로부터 얻어내는 것이다. 이를 통해 사용자가 원하는 것을 추론하여 각종 광고와 서비스를 제공한다. 사용자 자신도 모르는 니즈를 "고객님이 원하는 것은 이런 것 아닌가요?"라고 기업이 제안해주는 식이다. 그럼 지금부터 실리콘밸리의 대표적 기업들을 중심으로, 이들이 빅데이터를 어떻게 얻고 사용하는지, 그리고 그 과정에서 AI가 어떠한 역할을 수행하는지 알아보겠다.

데이터의, 데이터에 의한, 데이터를 위한 비즈니스

아마존 고와 에코를 통해 아마존이 노리는 것

한국에는 아마존이 없지만, 한국의 청년 세대 상당수는 아마존에서의 쇼핑을 경험한 바 있다. 한때 유행이었던 아마존 직구가 이제 필요한 물건을 싸게 사는 일반적인 구매패턴이 되었다. 2018년 7월부터는 90달러^{우리 돈 약 10만 원} 이상 구매 시 해외배송비가 무료로 변경되면서 아마존 직구족이 더욱 늘어나고 있다. 해외직구 이용금액 규모는 2017년 약 2조 2,000억 원에 이르렀는데, 직구 경험이 있는 소비자의 70%가 아마존을 선호한다^{2018년 한국소비자원 조사 결과}. 그 이유는 아마존이 '저렴하기' 때문이다.

실제로 미국에서는 오프라인 상점에서 물건을 샀는데 아마존보다 가격이 비쌀 경우, 아마존 영수증을 들이밀면 가격을 깎아준다. 마진이 남지 않는 장사인데도 회사의 가치는 날이 갈수록 올라 CEO인 제프 베조스의 자산 평가액은 1,500억 달러에 이르렀다. 이는 포브스가 억만장자 지수를 평가한 이래 가장 높은 금액이라고 한다.

아마존이 손대는 분야의 산업 생태계는 곧 아마존에 의해 독점되는 양상을 보여왔다. 이 정도 되면 독과점 조항에 걸릴 법도 한데 미

아마존 고 / 출처 : 아마존 홈페이지

국 정부가 손을 못 대는 이유는 아마존이 독점하면 할수록 오히려 소비자는 이익을 보는 구조 때문이다.

오늘날 아마존은 단순한 전자상거래 사이트, 그 이상이다. 사실 아마존의 수익 대부분은 유통이 아닌, 아마존 웹 서비스^AWS(Amazon Web Service)에서 나온다. AWS의 대표적인 고객은 바로 넷플릭스^Netflix이다. 필자도 아마존의 CPU·GPU 클러스터인 EC2와 스토리지인 EB2를 연구용으로 사용한다. AWS는 현재 점유율 1위의 클라우드 서비스이며, 그 뒤를 구글 클라우드가 따르고 있다. 전자상거래 사이트인 아마존의 실제 수익이 클라우드 서비스에서 나온다는 것은, 비유하자면 극장 수익은 매점이 책임지고 만화방이나 PC방 수익은 인스턴

4차 산업혁명, 무엇을 알고 어디에 투자할 것인가

트 라면에서 나오는 현상과 같다.

이 같은 아마존이 최근 두 가지 흥미로운 상품을 선보였다.

첫째는 아마존 고Amazon Go라는 무인 상점이다. 아마존 고에는 건물 천장을 포함하여 곳곳에 수백 대의 카메라와 각종 센서가 설치되어 있다. AI는 이를 통해 손님이 무엇을 고르는지 파악하고 물건 값을 계산한다. 그리고 고객이 나갈 때 그 값을 미리 등록해둔 신용카드로 결제한다. 고객은 상점에 들어와 물건을 고르고, 그것을 들고나가면 저절로 그 값을 지불하게 되는 시스템이다. 미국의 상점에서는 계산대의 줄이 매우 긴 것이 일상이다. 비용 절감을 이유로 계산원을 줄였기 때문이다. 아예 계산대가 존재하지 않는 아마존 고는 앞으로 미국의 쇼핑문화를 많이 바꿀 것으로 예상된다. 아마존 고는 시애틀의 아마존 본사 건물에서 처음 오픈했다. 그런가 하면 아마존은 미국 최대의 유기농 식품 업체인 홀푸드마켓Wholefoods Market을 인수하였는데, 이 또한 미국 유통업계를 뒤흔들어 놓았다. 원래 홀푸드마켓은 품질이 좋은 대신 비싸기로 유명했다. 그랬던 홀푸드마켓이 아마존에 인수된 후 가격을 대폭 낮춰 식료품 업계에 큰 파장을 일으켰다.

둘째는, 인공지능 스피커인 아마존 에코Amazon Echo이다. 협력업체들과의 다채로운 합작의 결과, 에코는 집안에 있는 기기들을 음성으로 제어할 수 있다. 첫 출시 당시에는 199달러라는 다소 부담스러운 가격이었지만, 이후 보급형 모델인 에코 닷Echo Dot을 비롯해 차량용 모델인 에코 오토Echo Auto를 선보이며 대중화를 꾀했다. 현재 2세대 에코는 99.99달러할인가 77.99달러이며, 에코 닷은 49.99달러, 에코 오토는 24.99달러이다. 할인가를 감안하면 1세대 에코에 비해 절반가량 저렴해진 것이다. 참고로, 10인치 터치스크린을 포함한 2세대 에코 쇼Echo show는 299.99달러이다.

파격적인 변화는 가격뿐 아니라 성능에서도 이뤄졌다. 처음 아마존 에코의 주 기능은 아마존의 전자상거래와 음악 재생, 날씨 및 정보 검색 정도에 한정되었다. 그러던 것이 현재는 아마존 에코를 통해 집안에 있는 거의 모든 가전 기기 조작이 가능하게 되었다. 아마존은 2016년부터 외부 협력사에 음성인식 AI 비서인 알렉사를 개방하였고, 개발에 사용할 수 있도록 알렉사 기술 키트ASK(Alexa Skills Kit)까지 제공하였다. 그 결과 알렉사 생태계는 빠르게 확장되어 자사 제품에 알렉사를 적용하는 협력업체가 7,000여 개에 이른다. 만약 마음먹고 알렉사를 탑재한 제품들만으로 집을 채운다면 가정 내 모든 전자 제품을 에코로 제어할 수 있을 정도다. 스마트홈 허브를 비롯하여 조명·스위치·홈시큐리티·냉난방 등 거의 모든 종류의 스마트홈 기기들이 알렉사와 연동되어 음성으로 조절이 가능하다. 이러한 홈 컨트롤 기능은 대개 IoT와 밀접한 관련이 있는 것으로 여겨지나, 필자는 이를 5G가 나오기 이전 세대의 마지막 홈 오토메이션 방식이라고 생각한다. 현재 미국에서는 다섯 집 중 한 집^{전체 가구의 20%}이 AI 스피커를 보유하고 있으며, 그중 70%가 아마존 제품을 사용하고 있다. 아마존은 이 분야에서도 빠른 속도로 시장을 점유하고 있는 중이다.

마진을 거의 남기지 않음으로써 시장을 독점하고, 끊임없이 계열사를 확장함으로써 다양한 시장에 문어발 식으로 진출하는 등 아마존의 행보는 더욱 궁금증을 자아낸다. 대체 왜 이런 전략을 택한 것일까? 단도직입적으로 말하자면, 고객 데이터를 확보하기 위해서이다. 아마존 고를 예로 들어보자. 고객이 물건을 고르면서 어떤 물품 앞에 얼마나 오래 머무르는지 그 자체가 바로 중요한 정보이다. 물건을 보지도 않고 지나친다거나, 반대로 망설임 없이 구매한다면 '정확한 비구매·구매 의사가 있음'을 파악하는 정보가 된다. 이러한 내용의 데이터들이 하나둘 모여 고객의 의중을 알아내는 정보가 되는 것이다.

그런데 이 같은 데이터들이 한 군데 상점이 아닌, 전 세계의 수많은 상점에서 들어온다면? 어느 기업이라도 탐낼 수밖에 없는 정보가 될 것이다. 소비자의 마음을 잘 알수록 판매 경쟁에서 유리해진다.

에코 시리즈 또한 마찬가지다. 음성인식 비서는 사용자에게 편의를 제공하는 동시에 그의 소비 행동 패턴, 성향, 기호 등의 데이터를 수집한다. 가격 면에서 손해를 보고 팔더라도 에코를 통해 소중한 고객 데이터를 확보할 수 있다면 아마존 입장에서는 결국 남는 장사이다. 대다수 IoT 기업들이 음성인식 인터페이스를 고객 데이터 수집 수단으로 생각한 지는 사실 오래되었다. 다만 어떻게 고객의 가정에 파고들지가 관건이었는데 아마존이 그것을 해낸 것이다.

구글(알파벳)의 새로운 비즈니스들이 의미하는 것

인터넷 검색사이트인 구글의 매출 대부분은 광고에서 발생한다. 구글의 서비스 자체는 대부분 무료지만 이 무료 서비스를 방문·사용할 때 보여지는 광고로 수익을 창출하는 구조다. 구글의 광고는 사용자가 방문한 사이트, 사용한 앱, 유튜브에서 본 광고 혹은 영상 콘텐츠 등의 데이터를 분석하여 해당 사용자가 현재 무엇을 필요로 하는지 판단하고 그에 적절한 광고를 게재한다. 광고주는 고객이 광고 페이지에 접속하거나 혹은 광고를 클릭하는 만큼 구글에 일정한 광고료를 지불한다. 흔히 사용하는 지메일, 구글맵, 유튜브 등에서 마주하는 광고들이 바로 그것이다.

문제는 모바일 의존도가 높아지며 웹사이트 광고 게재를 통한 이익이 점차 줄어들고 있다는 것이다. 이러한 상황을 타개하기 위하여

4차 산업혁명, 무엇을 알고 어디에 투자할 것인가

웨이모의 LIDAR가 자율주행 테스트 차량 주변을 센싱하는 장면 / 출처 : 웨이모 홈페이지

구글이 선택한 투자 대상이 바로 AI이다. 아마존과 마찬가지로 구글은 구글 홈Google home이라는 AI 스피커를 출시하였고, 자율주행차량 회사인 웨이모Waymo, 생명과학 회사인 베릴리Verily 등을 통해 사업의 다변화를 꾀하고 있다. 웨이모의 경우 현재 자율주행 관련 기업 중 가장 앞선 기술을 보유한 것으로 평가받는다. 앞서 인공지능 스피커 시장을 선점한 아마존이 가정용 사용자들의 취향과 쇼핑 패턴에 용이하게 접근할 수 있듯, 자율주행 분야에서도 웨이모와 같이 가장 먼저 시장을 선점한 기업이 운전자의 행동과 내비게이션 정보 취득에 유리할 것이다. 그리고 베릴리의 대표적인 프로젝트는 스마트렌즈이다. 이 스마트렌즈는 눈물을 가지고도 포도당을 측정할 수 있다는

사실에 착안하여, 당뇨병 환자들을 위한 혈당측정 센서를 렌즈에 달았다.

또한 다른 사업 영역에서도 구글은 주로 공짜라는 무기를 사용해 사용자 데이터를 모으는 데 주력한다. 일례로 구글 포토는 스토리지 용량에 제한이 없다. 사진과 동영상을 아무리 많이 찍어 올려도 결코 '용량이 모자라다'는 안내가 나오지 않는다. 지메일, 구글 독스, 구글 드라이브 등도 무료로 많은 용량을 제공하는데 이를 통해 사용자들의 행동 패턴, 사용 습관, 이동 경로 등에 접근할 수 있기 때문이다.

페이스북이 눈독을 들이고 있는 시장

2018년 4월 10일, 미 의회에서 페이스북의 개인정보 유출사고·가짜 뉴스·러시아 대선 개입 의혹에 대한 청문회가 열렸다. 존 코닌 상원 의원과 페이스북 대표 마크 주커버그의 질의응답(비록 응답 내용이 사전 준비되었다는 것이 알려졌으나) 과정에서 나온 다음 말들은 페이스북의 비즈니스 모델을 간결하게 설명해준다.

"광고주들은 우리에게 어떤 고객층에게 접근하고 싶은지 알려주고, 우리는 거기에 맞게 광고를 배치할 뿐입니다. 다시 말하면, 광고주들이 '나는 스키숍을 운영하고 있고 여성고객에게 스키를 팔고 싶어'

라고 말하면, 우리는 어떻게 그 광고를 배치해야 할지 간접적으로 알수 있죠. 왜냐하면 스키를 타는 사람들은 스키 관련 콘텐츠를 올리고, 또 스키에 관심이 있다는 사실과 그들의 성별에 대해서도 공유하게 되니까요. 그래서 우리는 고객 데이터를 다른 사람의 손에 넘겨주지 않고 자체적으로 고객과 광고주를 연결해 줄 수 있는 것입니다."

그렇다면 광고주들은 그들이 제공한 광고를 어떤 사용자가 봤는지 알 수 있을까? 모른다. 그저 뭉뚱그려 알 뿐이다. 예를 들어 '서울에 사는 20대 여성 5,000명에게 광고가 노출되었다'는 식으로 통보될뿐, 개개인의 정보는 광고주들에게 공개되지 않는다.

페이스북은 이미 전 세계적으로 많은 사용자들을 확보하고 있고또 계속 새로운 사용자들을 확보해 나가고 있다. 2017년에는 평균적으로 매달 20억 명이 방문하였으며, 그중 3분의 2는 매일 페이스북에접속했다. 그리고 그 사용자들은 자신이 어디에 방문해서 무엇을 했으며 무엇을 먹었는지를 올리고 있다. 정치적 성향을 드러내고 또 제품에 대한 사용기를 올린다. 어떤 것을 배우고 있으며, 앞으로 어떤운동을 배우고 싶은지, 사고 싶은 차는 무엇인지, 어디로 여행을 가고 싶은지, 만나는 사람들은 어떤 사람들이며, 자녀는 몇 명인지, 현재 직장과 사는 곳은 어디인지 등등 시시콜콜한 일상과 생각까지 자발적으로 올리고 있다. 그것도 매일매일 업데이트해가면서 말이다.

실리콘밸리, 미래의 최전선에서 본 리얼 시나리오

페이스북은 수십억 명 분의 이 같은 데이터를 가지고 있으며, 데이터들을 나이·인종·성별·취향·종교·언어 등등으로 분류할 수 있다. 광고주의 입장에서는 자기의 광고가 불특정 다수(예를 들어 옥상의 전광판 같은)에게 보여지기보다는 원하는 타깃 고객에게 제대로 노출되기를 원하므로 페이스북을 이용하여 비용 대비 높은 효과를 얻을 수 있다.

그러나 페이스북이 진짜로 눈독을 들이고 있는 분야는 바로 모바일 시장이다. 이미 사람들은 검색하거나 쇼핑할 때 PC보다는 태블릿이나 스마트폰을 더 많이 사용한다. 페이스북은 인스타그램이라는 사진공유 서비스 기업을 보유하고 있는데, 페이스북 포스트와 프로덕트 태그product tag·스티커sticker를 통해 바로 쇼핑 홈페이지와 연결할 수 있다. 가까운 미래에 이 플랫폼이 현재의 광고 수익을 능가하는 비즈니스 모델이 될 것으로 예상하고 있다.

더군다나 페이스북은

인스타그램의 이미지 속 태그 또는 스티커를 누르면 고객의 쇼핑몰로 연결된다. / 출처 : 인스타그램 홈페이지

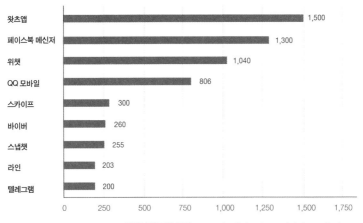

::: 메신저별 사용자 수 :::

메신저	사용자 수
왓츠앱	1,500
페이스북 메신저	1,300
위챗	1,040
QQ 모바일	806
스카이프	300
바이버	260
스냅챗	255
라인	203
텔레그램	200

2018년 7월 기준 / 자료 : www.avinashchandra.com/whatsapp-business

전 세계 1, 2위의 메신저 앱을 소유하고 있다. 하나는 왓츠앱[15억 명] 또 다른 하나는 페이스북 메신저[13억 명]이다. 인스타그램과 더불어 두 메신저 앱을 통해 더 많은 광고 수익을 얻을 수 있으리라 예상된다.

왓츠앱에는 왓츠앱 비즈니스라는 것이 있는데 페이스북은 이것이 가까운 미래에 전자상거래 플랫폼이 되기를 바라고 있다. 메신저를 이용한 고객과 검증된 소상공인들의 일대일[one-to-one] 직접 거래를 통해 소비자에게는 보다 믿을 만하고 개별화된 서비스를, 판매자에게는 유통비용과 광고비를 줄이는 혜택을 주는 데 그 목적이 있다. 소상공인들은 이러한 모바일 플랫폼을 이용함으로써 쇼핑몰을 마련해

왓츠앱이 제공하는 비즈니스 앱 / 출처 : 구글플레이 스토어

서 운영하고 홍보하는 일련의 비용과 번거로움으로부터 자유로워질

수 있다. 거기에 더해 가장 큰 매력은 이러한 플랫폼들이 이미 전 세

계 수십억 명의 사용자를 확보하고 있다는 것이다.

지금, 실리콘밸리에서 전해온
미래의 기회

문제는 데이터, 그중에서도 빅데이터이다

 마케팅 빅데이터 전문가 인터뷰
이탁연(리서치 사이언티스트Research Scientist, 어도비Adobe Systems)

이탁연 씨는 어도비에서 마케팅 빅데이터와 인공지능에 관한 연구 프로젝트를 수행하고 있다. 그에게 마케팅 빅데이터가 무엇인지에 관해 물었다.

이탁연 어도비에서 제공하는 서비스 중 B2B 고객들에게 제공하는 어도비 익스피어리언스 클라우드Adobe Experience Cloud라는 것이 있습니다. 예를 들어 베스트바이BestBuy 같은 회사에서 고객 프로모션이나 마케팅 관련 이메일을 보낼 때 사용하는 플랫폼이죠. 이 플랫폼을 통해 볼 수 있는 온라인상에서 이루어지는 일련의 행동들, 예를 들면 회사 홈페이지에 방문하거나, 질문을 남기거나, 어떤 서비스에 가입하거나, 물품을 구입할 때 생성되는 데이터를 통칭하여 '마케팅 데이터'라고 부릅니다.

배정훈 마케팅 빅데이터 기술을 선도하고 있는 기업이 있다면, 본인의 회사를 제외하고 어디라고 생각하십니까?

이탁연 구글과 페이스북이라고 생각합니다.

과거에도 데이터는 마케팅에 사용되어 왔다. 소매유통 데이터, 소비자 대상 설문조사 등이 그것이다. 다만 소비자 개개인의 소비 패턴이나 성향과 결합할 수 없었기에 추론의 근거가 아닌 어디까지나 참고 자료로만 쓰여왔다. 마케팅에서 빅데이터 개념이 등장한 것은 비교적 최근의 일로, 스마트폰 사용이 보편화되면서 위치 정보, 소비 행동 패턴, 구매 습관, 성향과 선호도 등을 분석해 타깃 고객에 최적화된 마케팅 전략을 수립할 수 있게 되었다. 데이터가 많을수록 정밀도가 높아지고, 세분화된 접근이 가능해진다. 앞서도 말했듯 데이터를 어떻게 얼마나 구할 수 있느냐가 비즈니스의 성패를 좌우하는 시대가 되었다. 압도적인 사용자 수를 가진 구글과 페이스북이 마케팅 빅데이터 분야를 선도하는 것은 어찌 보면 당연하다. 실제로 구글과 페이스북은 광고주들에게 매우 정밀한 타깃 광고 툴을 제공하고 있으며, 이들 기업의 매출 대부분이 광고에서 나온다.

배정훈　마케팅 빅데이터 분야에서 극복해야 할 기술적 부분은 무엇입니까?

이탁연　아무래도 데이터 수집(data collection)이 쉽지 않다는 것이죠. AI 시스템을 구축할 때 가장 중요한 것이 AI를 훈련시키기 위한 데이터입니다. 싼값에 대량의 고품질 데이터를 구할 수 있다면 좋겠지만, 사실 어려운 이야기입니다. 더군다나 대량의 고품질 데이터를 구축할 인력이 없죠. 그런 쪽으로 경험을 쌓아온 사람이 극히 드뭅니다. 지금이 시작 단계라고 생각합니다.

배정훈　그렇네요, 인력 시장에 그러한 경력자 풀(pool)이 형성되어 있지 않으니까요.

이탁연　AI 모델을 만드는 엔지니어와 프로그래머들은 많지만, AI 모델을 위한 데이터를 생산하는 분야에는 경력자들이 적습니다.

배정훈　5년 후 이 분야가 얼마나 중요해질 것으로 보십니까? B2B와 B2C 두 가지 측면을 다 고려해 주십시오. 점수로 매기면 5점 만점에 몇 점 정도로 생각하시는지, 그리고 그 이유는 무엇입니까?

이탁연　저는 두 가지 방면 모두 5점을 주겠습니다. 왜냐하면 AI로 해결될 수 있는 문제들이 아직 많이 남아있기 때문입니다.

배정훈　AI로 개선될 수 있는 문제가 많다고 하셨는데, 예를 들면 어떤 것이 있을까요? 독자들을 위해 재미있는 사례를 말씀해 주십시오.

실리콘밸리, 미래의 최전선에서 본 리얼 시나리오

이탁연 재미있는 예는 너무나도 많죠. 마케팅을 예로 들자면, 아직도 개인화가 거의 안 되어 있거든요. 특정 고객에게는 어떤 메시지^{광고}를 보냈을 때 가장 효과가 좋은지, 특정 고객이 지금까지 취해온 행동이나 지금 관심을 가지고 있는 것을 파악함으로써 어떤 메시지나 제품을 제시하는 것이 좋을지 등 다양한 맥락^{context}과 데이터를 잘 감안하여 개인화된 접근을 할 여지가 많습니다. 하지만 제대로 시도된 적은 아직 없죠. 아이디어는 이전부터 있었지만 실제 마케팅에 적용된 사례는 없다고 봐도 무방합니다.

배정훈 그럼 현재의 마케팅은 그저 고객들을 특정 그룹으로 나눠서 이루어지고 있다는 말이죠?

이탁연 그룹을 나누어서 보내기도 하지만 최근 많이 쓰이는 방식은 역시 트리거드 마케팅^{triggered marketing}이라 할 수 있습니다. 고객의 행동을 촉발하는 트리거^{자동으로 반응하여 다음 동작·상태를 촉발시키는 특정한 행위·계기 -편집자}를 파악하고, 그에 기반해서 "이 사람이 지금 이런 행동을 했으니, 이제부터는 이런 광고를 보내면 되겠다"는 식의 마케팅 기법입니다. 앞으로 AI를 통해 더욱 진화할 수 있겠죠.

배정훈 마케팅 빅데이터 분야는 어떤 산업 영역의 영향을 받습니까? 예를 들어 배터리 기술이 발달되면 전기차 시장도 활성화될 거라고 예상하죠. 이처럼 어떤 산업 분야가 진화하면 마케팅 빅데이터 분야 역시 진보될 것이라 예상하시나요?

이탁연 만약에 새로운 미디어가 등장한다면, 이를 통해서 새로운 광고 플랫폼과 새로운 '빅데이터 채널'이 생길 것으로 예상합니다.

배정훈 새로운 미디어의 등장이란 말이 흥미롭군요. 그 말은 혹시 미디어 산업이 쇠퇴하면 지금 종사하는 분야도 쇠퇴한다는 의미입니까?

이탁연 미디어 산업이 쇠퇴한다기보다는 기존의 미디어가 다음의 얼터너티브 미디어Alternative media로 옮겨간다는 뜻으로 봐야 되겠죠? 예를 들어 과거에는 TV와 신문이 주된 광고 매체였습니다. 그런데 사람들이 SNS에 쏟는 시간이 점차 늘어나면서 TV 시청 시간과 역전되었습니다. 이제 SNS가 주된 광고 매체가 되고 TV 광고는 힘을 잃어 가고 있죠. 앞으로 기존 SNS를 대체할 미디어가 등장하여 이 같은 변화가 다시 일어날 수도 있을 겁니다.

배정훈 방금 '빅데이터 채널'이란 표현을 하셨는데, 이건 무엇을 말하는 것입니까?

이탁연 마케팅 빅데이터가 어떤 식으로 들어오는지와 관련된 것입니다. SNS 미디어를 활용하는 사람들의 행동 데이터 등과 같이 새로운 의미의 데이터가 들어오는 채널을 뜻합니다. 예를 들어 구글 어시스턴트처럼 자연어로 사용할 수 있는 서비스가 생기면, 그

실리콘밸리, 미래의 최전선에서 본 리얼 시나리오

것을 통해서도 새로운 학습 데이터가 들어오게 됩니다. 즉, 새로운 미디어는 그 자체로 새로운 훈련 데이터의 입력 채널이 될 수 있습니다. 그것을 빨리 캐치해서 최대한 활용하는 것이 AI 시스템에서 중요한 것이죠.

배정훈　잘 알겠습니다. 그럼 반대로, 마케팅 빅데이터가 어떤 분야에 영향을 끼칠 수 있다고 생각하십니까?

이탁연　노동 분야라고 생각합니다. 빅데이터 생성과 관련된 많은 직업이 생길 수 있다고 생각합니다.

배정훈　예를 들면 메카니컬 터크mechanical turk 같은 것 말인가요?

　아마존의 메카니컬 터크MTurk는 인력을 연결해주는 크라우드 소싱 서비스로서, 신청자사용자가 업무를 게시하면 작업자노동자가 응답을 보낸다. 그룹이나 개인은 HITHuman Intelligence Task로 작업을 게시하는데 여기에는 요청하는 작업 완료 방법, 보상 금액, 요청하는 자격 등의 조건이 포함되어 있다. 터커Turker로 불리는 작업자들은 동시에 많은 수가 동일한 HIT 업무를 수행할 수 있는데, 때로는 수십 명의 인원이 한 작업을 완수하기도 한다. 인기 있는 작업은 몇 시간 내에 완료되지만 관련 작업자가 없을 경우 몇 달씩 게시되는 경우도 있다. 아마존에 따르면 2015년 12월에만 전 세계에서 75만 명이 메카니컬 터크

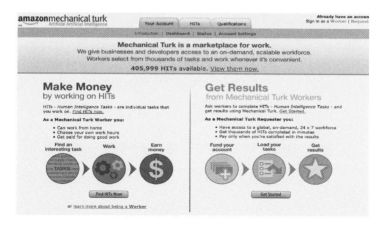

아마존의 메카니컬 터크에 관한 설명 페이지. 인공지능을 위한 기계학습 훈련을 위해서 잘 정돈된 데이터가 필요한데, 상당한 단순·반복 작업을 요한다. 메카니컬 터크는 이러한 작업들을 위한 고용주와 인력 사이의 인력소 역할을 한다.

를 순방문하였다. 〈2015 세계은행보고서〉에 따르면 아마존의 메카니컬 터크는 약 50만 명의 등록된 작업자를 보유하고 있다고 한다.

이탁연 네, 그렇습니다. 현재 데이터를 생성하는 방식은 수동적입니다. 사람들의 행동을 카메라로 찍거나 사람들이 자연스럽게 행동한 로그 데이터를 모으는 식이죠. 이런 수동적 수집passive collection 은 한계점이 많아요. 예를 들면 구조structure가 안 잡혀 있고 분류label가 안 되어 있어서, 사람이 어떤 행동을 취하더라도 왜 그러한 행동을 했는지 이류를 모르는 거죠. 당연히 통제할 수 없

133

습니다.

만약 어떤 자극에 대한 사람들의 반응을 모으고 싶다고 가정해 보죠. 사람들은 모든 자극에 제각기 반응합니다. 수동적으로 데이터를 수집하기만 하면 내가 원하는 자극에 대한 반응보다는 그와 상관없는 데이터가 더 많이 모입니다. 제대로 분류 되어 있고, 노이즈가 없는 데이터를 모으려면 사람들한테 원하는 자극을 주고 거기에 대한 반응을 수집해야 하는 것이거든요. 쉽게 설명하면 설문조사와 같지만 설문조사보다 훨씬 다양한 행태로 이루어지는 조사입니다. 메카니컬 터크도 그런 것이구요. 이런 데이터를 만드는 작업이 새로운 노동행위가 될 수 있다는 것이죠. 메카니컬 터크의 작업자들이 작은 돈이지만 짬짬이 그 돈을 받는 것처럼, 미래에는 직업이 있는 사람들도 자기 직업을 유지하면서 발생하는 부작용side effect이라던가 부수적으로 생성되는 것들 아니면 자기들이 가진 기술을 짬짬이 빅데이터를 생성하는 데 쓸 수 있을 겁니다. 그에 대한 대가를 받고 기업에 데이터를 제공하는 것이죠.

예를 들면 유튜브 보는 것을 노동이라고 생각하는 사람은 없습니다. 그런데 유튜브는 유튜브 이용자들로부터 발생하는 데이터들을 가지고 더 나은 엔진을 만드는 데 사용합니다. 유튜브를 이용하는 사람들은 자신도 모르는 사이에 유튜브의 추천 엔진을 강화하는 역할을 하고 있습니다. 즉, 그들은 유튜브에 기여하고 있지만 누구도 이를 노동이라 여기지 않습니다. 유튜브 조회수를 올리거나 페이스북에 '좋아요'를 누르는 순간 '일하고 있다'고 생각하는 사람은 없지만, 회사 입장에서는 상당히 가치 있는 데이터가 생성되고 있는 것입니다. 다만 그에 대한 대가가 지불되지 않을 뿐이죠. 사용자들의 주 목적은 즐기는 것이고 그것에 대한 반응으로서 뭔가 행동을 한 것뿐인데, 이것이 데이터가 됩니다. 미래에는 이렇게 생성되는 데이터들의 가치가 워낙 높아질 것이기 때문에 이것이 노동의 한 행태가 될 수 있습니다. 말하자면, 그냥 앉아서 비디오를 보고 평가만 해도 먹고사는데 지장없는 세상이 올 수도 있다는 거죠. 인터넷 기사의 댓글을 보고감성을 평가한다거나 가짜 뉴스인지 정치 성향은 무엇인지 이런것들을 판단하며 댓글을 쓰는 행위조차도 값어치를 가지게 되는 겁니다. 이전에는 존재하지 않았던 노동이 많이 생겨나리라생각합니다.

배정훈 미래 사회에는 그러한 행동에 가치가 부여되리란 말씀이시죠?

이탁연 맞습니다.

마지막으로 실리콘밸리의 전문가로서 바라보는 미래 전망을 물었다.

배정훈 5년 후 다른 분야에서 어떤 획기적인 기술들이 선보일까요?

이탁연 심각하게 생각해보진 않았습니다만, 아마도 드론을 이용한 이벤트 사업이 활성화되지 않을까 싶습니다.

배정훈 드론은 맞는 것 같아요. 저도 앞으로 가장 발전 속도가 빠른 분야는 드론이라고 생각합니다. 그런데 이벤트 사업이라고 함은 지난 평창 올림픽에서 선보인 드론쇼와 같은 것을 말씀하신 것인가요?

이탁연 제가 생각하는 건 그보다 소규모입니다. 사진을 찍거나 동영상을 촬영하는 것이죠. 이번에 회사에서 야유회를 갔는데, 옛날에 백사장에서 사람들 모아놓고 찍었던 단체사진 같은 것을 드론을 이용해서 찍더라고요. 드론이 멀리서부터 다가오고 또 지나가면서 기념 영상을 촬영하기도 했습니다. 이처럼 어떤 행사가 있을 때 드론이 다양한 용도로 쓰일 것 같습니다. 평창처럼 밤하늘에 글씨를 그리거나 수를 놓을 수도 있지만, 가장 많이 사용될 용도는 영상 기록장치로써 쓰이지 않을까 합니다. 실제로 요즘 예능 프로그램에는 카메라 감독뿐만 아니고 드론 촬영 담당자도 동행하더군요. 드론의 쓰임새가 점점 더 많아지리라 봅니다.

AI가 열어주는 새로운 활로

 무선 네트워크 전문가 인터뷰
익명

IoT^{Internet of Thing}에서 'Thing'은 지금 우리가 말하고 있는 AI 디바이스^{device}(예를 들자면 아마존 에코 같은 것)라고 할 수 있으며, AI 디바이스가 더 많은 데이터를 송수신하도록 해야 클라우드 서버에서 AI를 향상시킬 수 있다. 이를 위해서는 무선 네트워크의 성능 향상이 필수적이다. 그럼 실제로 최근 흐름은 어떠한지 실리콘밸리에 근무하고 있는 전문가의 의견을 들어보기로 한다.

배정훈 어떤 분야에 종사하고 계십니까?

전문가 기업용 무선 네트워크^{Enterprise wireless network}와 가장 관련이 크고 AI, 클라우드 분야와도 관련이 있습니다. 또 직접적인 관련은 없지만 인프라 측면에서 스마트시티^{Smart City}와도 연관이 있다고 볼 수 있습니다. 참고로 현재 캘리포니아의 산호세^{San Jose} 지역에도 그 일환으로 무선 네트워크망^{wireless network backbone}을 깔고 있는데 거기에 많은 벤더들이 참여하고 있죠.

배정훈 어떤 일을 하시나요?

실리콘밸리, 미래의 최전선에서 본 리얼 시나리오

전문가 저는 아키텍트Architect, 시스템 엔지니어이면서 소프트웨어 엔지니어 일도 합니다. 다른 회사와는 달리 우리는 이 두 가지에 구분이 없습니다. 알고리즘을 직접 개발하고 또 직접 제품 단계의 코딩을 하고 있습니다. 주로 개발하는 알고리즘은 무선 자원 최적화 분야입니다.

배정훈 무선 네트워크 분야에서 현재 제일 앞서가고 있는 기업은 어디라고 보십니까? 그리고 요즘 제품의 트렌드는 어떤가요?

전문가 현재는 시스코Cisco와 휴렛팩커드 엔터프라이즈Hewlett Packard Enterprise가 큰 시장을 다 점유하고 있습니다. 이 두 회사가 토탈 솔루션 시장을 리드한다고 볼 수 있죠. 이 분야에 새로 진출한 작은 회사들의 경우 토탈 솔루션보다는 틈새 시장을 공략하거나 특정 기술의 장점을 상당히 부각시키는 방식으로 나아가고 있습니다. 제품 특성상 고객들이 한번 우리의 솔루션을 구입하면 장기적으로 사용합니다. 따라서 새로운 기술로 업데이트가 쉽지 않은데요. 하지만 작은 회사들의 경우 이러한 부분에서 유연합니다. 예를 들자면 메라키Meraki라는 회사가 있었는데(시스코에 넘어갔죠) 이 회사는 처음부터 클라우드와의 연동에 초점을 둔 전략을 폈습니다. 또 루커스Ruckus라는 회사는 (아리스ARRIS에 인수되었죠) 안테나에 초점을 두었고요. 메라키는 중소 규모 기업들에 클라우드 네트워크 보안·관리 솔루션을 제공해온 업체로, 2012년 시스코에 1조 3천억 원에 인수되었다. 루커스는 유무선 네트워킹 업체로 2017년 12월 약 15억 달러에 아리스에 인수되었다. ―편집자

최근의 트렌드는 AI와 머신러닝 기술을 결합하는 것입니다. 무선 네트워크의 여러 장비에서 관측되는 각종 데이터를 가지고 네트워크 성능의 향상을 도모한다는 것이죠. 그런데 제 생각에는 아직 그러한 데이터를 이용한 피드백 기술들을 보여준 회사는 없다고 봅니다. 대신 소규모 단위로 가능성을 보여준 사례는 있었죠. 미스트Mist라는 회사가 있는데 AI을 중심으로 마케팅을 펼치고 있지만, 주변 시각은 아직 AI가 얼마나 성능 향상에 기여했는지는 확신하지 못하는 분위기입니다. 덧붙이자면, 이쪽 분야의 특성상 기본적인 기능에 충실한 것이 가장 중요합니다.

와이파이 분야에서 앞으로 4~5년 내에 나올 기술들은 아마도 셀룰러핸드폰 기술의 경향을 따라가는 식이 되지 않을까 싶습니다. 와이파이 AP가 점점 셀룰러의 기지국처럼 기능이 복잡해지는 방향으로 갈 수 있습니다.

배정훈 무선 네트워크 분야에서 극복해야 할 기술적 문제에는 어떤 것이 있습니까?

전문가 새로 나온 기술들, 특히 AI와 관련된 새 기술들을 제품에 적용하는 문제입니다. 클라우드와 연동되면 네트워크 기술에 다른 기

실리콘밸리, 미래의 최전선에서 본 리얼 시나리오

와이파이 AP 와 셀룰러 기지국 / 출처 : www.fiber-optic-solutions.com(좌), www.ethw.org(우)

능들이 추가되어야 하는데 이 부분 또한 극복이 필요합니다. 또 셀룰러와의 연동이 어떻게 하면 잘 될 수 있을지도 관건입니다. 이전에 3G, 4G가 나왔을 때 '이제 와이파이는 사라질 것이다라고 말한 사람도 있었죠, 하지만 실제 그런 일은 일어나지 않았습니다. 5G가 상용화되어도 마찬가지일 겁니다.

배정훈 5년 후 무선 네트워크 분야는 얼마나 중요해질까요? B2C와 B2B 양 측면에서 모두 평가한다면, 5점 만점에 몇 점 정도라고 생각하십니까?

전문가 우리 고객은 대기업의 IT 부서입니다. 그러므로 B2B라고 봐야겠지요. 현재까지는 시장 자체가 계속 커지는 상태였고 현재도 마찬가지입니다. 하지만 대충 보기에도 이제 웬만한 대기업은 모두 네트워크 솔루션을 구입한 상태이고, 이제는 기존 고객들이 새로운 기술이 들어간 장비로 교체하는 사이클로 접어든 것 같습니다. 그래서 시장 자체가 폭발적으로 성장할 것으로 생각하지는 않습니다. 점수로는 중간(3점) 정도라고 봅니다.

배정훈 그러한 특수성 때문에 IoT 같은 분야와는 다르게 고려해야 할 것 같네요.

전문가 우리도 IoT를 하고 있습니다만, 제가 봤을 때는 IoT가 앞으로 5년 정도 크게 성장할지는 몰라도 전체 산업 부분에서 차지하는 비중이 얼마나 커질지는 의문입니다.

배정훈 상당히 조심스러운 견해시네요.

전문가 과거 모 기업에서 일할 때 IoT 분야를 담당했었습니다. 당시에는 IoT가 아니라 센서 네트워크, 지그비ZigBee 등 각종 이름으로 불렸었죠. 그때 이야기 나왔던 기술들, 특히 응용 분야에서는 당시와 비교해 특별하게 다른 아이디어가 나온 것 같지는 않습니다. 10년 이내에 시장이 얼마나 크게 열릴지는 모르겠지만 AI나 빅데이터가 이제 폭발적으로 성장하게 되었고, 점점 기반이 쌓이고 있으니 지켜볼 필요도 있겠죠. 특히 AI와는 시너지가 있을 가능성이 크니까요. 또한 IoT 자체가 얼마나 수익이 될지는 모르지만 다른 기술들과 융합되면서 수익성 제고가 많이 빨라지리라 생각합니다.

배정훈 현재 종사하고 있는 분야는 어떤 산업이 바탕이 되어야 할까요? 또 반대로 종사하고 있는 분야가 다른 어떤 분야에 밑거름이 된다고 보십니까?

전문가 쉽지 않은 질문이네요. 어떤 특정 기술 덕분에 두 배 세 배 네 배 이렇게 발전하리라 말씀드리기는 어렵습니다. 일단 제 분야에 쓰이는 기술들은 기존에 이미 잘 알려진 기술들입니다. 칩셋 역시 많이 평준화된 것 같습니다. 이전에는 어느 특정 회사의 칩셋을 사야 했지만, 지금은 가격 경쟁력을 갖춘 중국 회사들의 제품도 많습니다. 결국 그렇게 가격이 내려간 장비들과 다른 분야를 연결하여 부가가치를 창출해야 하는 거죠.

지금까지는 대역폭을 늘리는 데 치중했다면 앞으로는 장비 자체가 제공하는 추가적인 기능이 중요해지기 때문에 AI나 클라우드 기술과 융합하게 되리라 봅니다. 전에는 장비 하나에서 모으는 데이터가 한정적이었는데 만약 이것이 클라우드와 연동된다면 전 세계에 있는 장비들로부터 데이터들을 모아 그것을 이용할 가능성이 열릴 것입니다.

이건 순전히 제 생각입니다만, 일례로 G사가 요즘 S 커피숍에 무료로 와이파이를 제공하고 있습니다. 이유가 뭘까요? 거기서 나

오는 데이터에 관심이 있기 때문입니다. 같은 맥락에서(이 또한 하나의 짐작입니다만), 와이파이 무료 제공을 활용하면 어느 가게나 박물관에서 어느 시간대에 어느 정도 사람이 모여 있느냐 등의 정보를 측정하고 예측할 수 있습니다. 와이파이 장비는 네트워크의 가장 끝단, 즉 사용자에 가장 가까운 부분이므로 데이터를 모으기 용이하다는 장점이 있겠죠. 이전에 3G 피처폰에서 스마트폰으로 넘어갔듯, 단순 네트워크 기술이었던 것들을 통해 보다 다양한 서비스를 제공하게 될 것입니다.

그래서 첫 번째 질문에 대한 대답은 AI나 클라우드 기술이 네트워크 기술에 연동되어 좀 더 다양한 서비스를 제공하게 될 가능성이 있다고 봅니다. 그리고 두 번째 질문에 대한 대답을 하자면, 다양한 와이파이 기술들이 개발도상국에 다양한 혜택이나 발전 기회를 제공하리라고 봅니다. 특히 인도 같은 경우, 미국의 큰 회사들이 가서 무료로 와이파이를 깔고 테스트를 하고 있습니다. 구글이나 페이스북에서도 관련된 프로젝트들을 진행하고 있는데, 무료로 망을 제공하고 자신들의 제품 사용자와 시장을 선점하겠다는 의도로 보입니다. 어떤 방식으로 개발도상국에 인터넷을 보급할까 많은 고민이 있었는데 현실적으로는 와이파이가 가장 접근하기 쉬운 수단으로 보입니다.

배정훈 　앞으로 5년 후, 무선 네트워크에서 나올 만한 획기적인 기술이 있을까요? 그리고 그 분야 이외에서 나올 획기적인 기술로는 어떤 게 있다고 보십니까?

전문가 　무선 네트워크 쪽은 이미 로드맵이 좀 보입니다. 예를 들어 다른 통신 시스템에서는 이미 많이 쓰였던 OFDMA을 적용하려 한다든가, 주파수 대역을 60GHz로 넓히는 등의 시도가 있을 수 있습니다. 5년 정도 걸릴 것이라고 보는데 이것들이 획기적인 기술이라고 말할 수 있는 성질의 것인지는 잘 모르겠습니다. OFDMA는 Orthogonal Frequency Division Multiple Access의 약자로 지금 우리가 매일 쓰고 있는 LTE 의 근간을 이루는 무선통신 기술이다. - 저자

　한편 셀프힐링 네트워크self-healing network이라는 기술이 등장하리라 봅니다. 현재 네트워크장비에서 조절해야 할 파라미터매개변수들이 많게는 수만 가지 정도 되는데, 주로 고객사의 필드 엔지니어들이 많이 조절을 했습니다만, 이상적으로는 스위치 한 번만 켜면 자동으로 최적화되는 것이 맞겠죠.

제 분야 외에는 자율주행차의 사회적인 파급력이 크리라고 예상합니다.

배정훈 　공유경제를 말씀하시는 거죠?

전문가 　네, 공공재가 될 것이라는 의미입니다. 그리고 자율주행 기술이

BMW 공유 서비스 '리치나우', 전 차량이 BMW이며 2017년 시애틀에서 시범운영을 시작하였다. 스마트폰으로 사용자 근처에 사용할 수 있는 차량 예약을 하고 사용 후에는 따로 반납하지 않고 (시애틀 내) 주차 가능한 곳에 주차하면 된다. / 출처 : BMW블로그 유튜브

상용화되면 노인 문제를 푸는 데 많이 도움이 되지 않을까 싶습니다. 미국의 경우 운전을 못하면 할 수 있는 일이 크게 제한되지 않습니까? 물론 실리콘밸리의 경우 아마존이나 구글에서 배달도 해주지만 제한적인 서비스라고 볼 수밖에 없죠. 시애틀에서는 이미 BMW가 시범 운영을 하고 있다고 들었습니다. 리스lease 같은 개념을 뛰어넘어서, 하나의 네트워크에 속한 사람들끼리 가입비를 내고 함께 이용하는 공유경제 개념으로 발전한다면 노인 문제를 비롯한 많은 사회 문제 해결에 도움이 되지 않을까 싶습니다.

센서가 곧 자율주행의 열쇠

🎙 자율주행 전문가 인터뷰
이영훈 (컴퓨터 비전 소프트웨어 시니어 엔지니어Sr. Computer Vision Software
Engineer, 엔비디아Nvidia)

엔비디아는 그래픽 카드뿐 아니라 자율주행 부문에서도 선도적인 기업이다. 파트 2에서도 언급된 엔비디아의 AI 플랫폼인 드라이브 제이비어DRIVE Xavier는 보쉬와 다임러 등 자율주행차를 개발하고 있는 자동차 제조사들이 앞다투어 도입하고 있다. 4년간 2,000명 이상의 엔지니어와 약 20억 달러를 투입하여 개발한 드라이브 제이비어는 8개의 맞춤형 코어 GPU와 새로운 512개의 볼타 GPU, 새로운 딥러닝 가속기 및 컴퓨터 비전 가속기, 8K HDR 비디오 프로세서를 기반으로 만들어졌다. 레벨5의 완전 자율주행차량을 위해 설계된 세계 최초의 AI 자동차용 슈퍼 컴퓨터이다. 현재 엔비디아 자율주행 부문에서 소프트웨어 엔지니어로 근무 중인 이영훈 씨를 만나 자율주행차량 개발의 현재와 전망에 대해 들어보았다.

배정훈 어떤 일을 하고 계십니까?

이영훈 자율주행Autonomous Vehicles 그룹에서 카메라를 이용한 위치인식localization 프로젝트의 소프트웨어 엔지니어로 일하고 있습니다.

배정훈   자율주행 분야에서 기술을 선도하는 기업을 꼽아주십시오. 현재 근무 중인 엔비디아는 제외하고요.

이영훈   전체적인 자율주행 부분에서는 웨이모가 기술적으로나 실제 주행거리에서나 가장 앞서간다고 알려져 있습니다. 카메라를 이용한 위치인식으로만 좁혀서 보자면 (우리 회사를 제외하고 말하자면) 최근 인텔에 인수된 모빌아이mobileye가 해당 기술을 선도하고 있다고 생각합니다.

배정훈   주목해야 할 스타트업이 있습니까?

이영훈   스타트업이라고 하기엔 이미 너무 잘 알려져 있지만 우버, 리프트, 또는 크루즈Cruise automation 등이 단기간 내에 성과를 낼 수 있는 주목할 만한 스타트업 회사라고 생각합니다.

배정훈   자율주행 분야에서 극복해야 할 기술적인 문제로는 어떤 것이 있습니까?

이영훈   우선 사람들이 자율주행차량을 심리적으로 더욱 쉽게 받아들이기 위해 종합적이고 높은 수준의 안전 기준을 제시하고, 그 기준에 맞는 성능을 갖춘 자율주행 기술을 제공하는 것이 해결돼야 할 과제라고 생각합니다.

이외에도 여러 가지 문제가 있지만, 개인적으로 관심을 갖고 있는 문제는 자율주행을 위한 센서 기술입니다. 완전 자율주행의

실리콘밸리, 미래의 최전선에서 본 리얼 시나리오

인지, 지도 생성, 위치인식을 위해서는 해상도가 높고 신호 감지 범위가 넓은 3차원 센서대표적인 예로 LIDAR가 있으며 사진과 같은 2차원 정보에 '깊이'(depth) 정보가 추가됨 -저자가 필요하다고 생각합니다. 그런데 현재 개인용 차량에까지 이러한 센서가 보급되기 위해서는 센서의 가격 문제가 해결되어야 합니다.

배정훈 5년 후, B2B와 B2C 양 측면에서 자율주행 분야는 얼마나 중요해질까요? 5점 만점을 기준으로 수치화 해주십시오.

이영훈 B2C 측면에서는 4점, B2B 측면에서는 5점을 주고 싶습니다. B2C 측면에서는 자율주행 기술이 개인 운전자의 차량 선택기준, 주택 선택기준 등 소비자의 생활 패턴에도 상당한 영향을 미칠 겁니다. 더불어 화물 및 승객 운송 산업에 큰 변화를 가져올 텐데요, 운송 산업이 다른 산업에 미칠 영향력과 파급력까지 감안한다면 B2B 측면에서는 더욱 중요한 기술이라 생각됩니다.

이는 자율주행차의 미래에 대한 엔비디아 CEO의 생각과도 일맥상통한다. 젠슨 황Jensen Huang은 CES 2018에 앞서 "미래에는 인공지능이 주행 경험을 정의하며, 모든 자동차가 자율주행차가 될 것이다. 해마다 1억 대의 자동차, 수백만 대의 로보택시, 수십만 대의 트럭이 생산될 것이며 이 모든 차량이 자율주행할 것이다"라고 말한 바 있다.

4차 산업혁명, 무엇을 알고 어디에 투자할 것인가

장거리 운전에 따른 운전자의 피로도가 가장 큰 문제인 화물차와 여행버스 등 운송 산업에서 자율주행이 도입되면 인건비 절감, 24시간 운행 등 파괴적인 변화가 일어날 것이다. 실제로 우버는 2018년 3월 일부 구간을 자율주행하는 트럭을 미국 애리조나 주에서 시범운행하기도 했다.

배정훈 자율주행 분야가 발전하려면 어떤 산업이 더욱 발전해야 할까요? 그리고 자율주행 분야가 영향을 미칠 산업은 무엇이라고 보십니까?

이영훈 자율주행 기술의 알고리즘을 설계하고 구현하는 데는 센서와 연산처리 등 하드웨어 성능이 큰 영향을 미칩니다. 따라서 하드웨어 산업(특히 센서 및 연산처리 관련)이 자율주행 기술에 강력한 영향을 미칠 것이라고 생각합니다. 그리고 앞서 설명했듯이 자율주행 기술은 운송 산업에서 시간과 비용을 절감하는 등 혁신적인 변화를 일으킬 것이라고 생각합니다.

배정훈 5년 후, 자율주행 분야에서는 어떤 획기적인 기술들이 나올 거라 보십니까?

이영훈 완전 자율주행 기술이 완성 단계에 이르러 레벨5의 로봇^{무인주행} 택시 서비스가 보편화됨으로써 일부 대도시뿐 아니라 소도시까지

실리콘밸리, 미래의 최전선에서 본 리얼 시나리오

보급된다면, 이동권역의 제한이 약화되면서 그동안 거리와 시간 제약으로 한계에 부딪힌 기술들이 획기적인 모습으로 발전하리라 예상합니다.

배정훈 5년 후에 본인 이외의 분야에서 어떤 획기적인 기술들이 나올 거라 보십니까?

이영훈 타 분야에 대한 예측을 할 만큼 지식이나 이해가 깊지는 않지만, 개인적으로 헬스케어 분야에서 진단 기술의 획기적인 발전이 이루어져 많은 사람들이 질병의 조기 진단을 통해 시간과 비용을 최대한 절약하고 평소에 건강을 유지할 수 있었으면 하는 바람입니다.

'IoT 플랫폼'이란 놀이터 위에 데이터가 뛰놀게 하라

 IoT 전문가 인터뷰
노범준 (최고경영자CEO, 어웨어Awair, getawair.com)

어웨어Awair는 IoT 기반의 실내공기 측정기를 개발한 스타트업으로, 2013년 11월 실리콘밸리에서 첫 발을 내디뎠다. 2017년에는 구글 홈과 애플 홈킷의 공식 파트너로 선정되었다. 어웨어의 노범준 대표는 시스코에서 스마트빌딩 프로젝트를 수행했던 IoT 전문가이다. 그를 만나 IoT의 현재와 미래, 그리고 비전을 들어보았다.

배정훈 어떤 분야에 종사하고 계십니까? 더불어 간단한 회사 소개를 부탁드립니다.

노범준 AI, IoT, 스마트시티와 관련된 일을 하고 있습니다. 어웨어는 실내 건강도를 측정해서 실내 환경을 스마트하게 관리할 수 있는 종합 솔루션입니다. 저는 공동 창업자이며 대표이기도 한데 주로 하는 일은 투자 유치, 인재 유치, 제품 로드맵 구상입니다.

배정훈 본인의 회사를 제외하고 현재 종사하는 분야에서 기술을 선도하는 업체들은 어디인가요?

노범준 제 관련 분야는 건물 자동화building automation 쪽인데, 가전 분야에서는 네스트Nest와 구글Google을 꼽고 싶습니다. 그밖에 슈나이더 일렉트릭Schneider-Electric, 지멘스Siemens, 보쉬Bosch, 허니웰Honeywell이 있습니다.

배정훈 건물 자동화는 어떤 기술이며, 극복해야 할 기술적 문제는 무엇입니까?

노범준 예를 들어 빌딩 내 미세먼지·이산화탄소·빛의 세기·소음 수준을 측정해서 실시간으로 공조 시스템을 조절하거나, 에너지 관

실내 환경 관리 솔루션을 제공하는 어웨어 / 출처 : 어웨어 홈페이지

리 차원에서 에너지 소모를 최소화하면서 빌딩을 관리하는 것 등을 말합니다.

이 문제는 저희뿐만 아니라 앞서 언급한 업체들에게도 적용되는 것인데, 실제로 제품에 장착된 센서가 생성한 데이터를 실시간 으로 저장하고, 그 위에 애플리케이션 레이어를 얹어서 분석할 수 있는 일종의 IoT 플랫폼을 만든다는 게 쉽지는 않습니다. 센 싱과 백엔드 그리고 그 위에 데이터 분석을 하는 것이니까요. 그 러고 나서 그것이 건물의 각종 설비와 연동되어 실제로 공조·환 기·청정·가습·제습까지 가능하도록 만드는 부분이 가장 큰 도 전이죠.

배정훈 그러한 시스템을 개발한 회사가 아직 없다는 말이죠?

노범준 예, 그렇습니다.

배정훈 종사하고 있는 분야가 5년 후 어느 정도 중요하게 여겨지리라 생각하십니까? B2B와 B2C 양 측면에서 5점 만점으로 점수를 준다면요?

노범준 지역마다 여건이 다르기 때문에 이를 종합해서 점수로 말씀드리기는 어렵지만 중요도는 상당하다고 생각합니다. B2C 측면을 보면, 예를 들어 아시아에서는 공기 청정기가 많이 쓰이지만 미주에서는 네스트와 같은 홈 컨트롤러가 주로 사용됩니다. 반면에 웰빙과 생산성의 척도인 건강도 측정에 대해서는 아시아에서도 미주에서도 스마트홈 분야에서 가장 중요하다고 봅니다. 특히 B2B 측면에서는 IoT 센싱 기반 플랫폼과 데이터 분석 및 시각화visualization 기술이 빌딩 관리에서 정말 중요한 방향이 되리라 봅니다. 앞서 언급했던 대기업들이 이러한 부분에 대해 부족함을 느끼고 있습니다.

배정훈 앞으로 이러한 기술이 더욱 발전하기 위해서는 어떤 분야가 활성화돼야 할까요? 그리고 반대로 IoT에 기반한 건물 자동화는 어떠한 분야를 활성화시킬 수 있을까요?

노범준 크게 3가지입니다. 첫째, 클라우드에 연결된 센싱, 즉 센서에서 나오는 데이터에 대해 어디에서든지 접근이 가능하고, 나아가 그

실리콘밸리, 미래의 최전선에서 본 리얼 시나리오

위에 애플리케이션 레이어를 올릴 수 있는 플랫폼이 가장 중요합니다. 이때 그 플랫폼은 확장성scalable이 있어야겠죠. 둘째, 애플리케이션 자체입니다. 센서로부터 공조 시스템에 이르기까지 엔드 투 엔드end-to-end로 아우를 수 있는 소프트웨어가 필요합니다. 마지막 셋째, 데이터의 시각화data visualization입니다. 데이터의 시각화란, 사용자가 빌딩을 관리하는 경우에 각 층의 설비와 시설이 어떤 상태인지 한눈에 파악할 수 있게 하는 기술입니다. 이러한 기술은 건물 관리부터 부동산 개발에까지 영향을 줍니다.

배정훈 이러한 기술이 부동산 개발과 무슨 관련이 있습니까?

노범준 예를 들어보죠. 최근 건물을 짓는 건축회사·건물주·투자자 등 모두에게는 공통의 고민이 있습니다. 어떻게 해야 에너지 제로Net-Zero 빌딩을 지을 수 있을지, 그리고 어떻게 해야 건강한 건물healthy building이 될 수 있는지가 그것입니다. 그런 고민을 해결하는 데 있어 저희 제품과 기술이 상당히 큰 중추backbone 역할을 하고 있습니다. 참고로, 에너지 제로란 건물이 인위적인 에너지를 사용하지 않고 자연 냉·난방이 가능하도록 하는 기술을 말합니다.

배정훈 5G가 상용화되리라고 여겨지는 5년 후에는 어떠한 획기적인 기술들이 나오리라 보십니까?

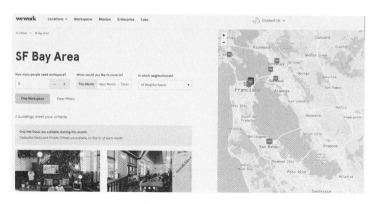

위워크에서 오피스 대여를 신청하면 몇 명이 언제 어디에 오피스를 열 것인지 알 수 있다.
/ 출처 : 위워크 홈페이지

노범준 실내 환경에서 상당한 양의 데이터가 만들어질 것입니다. 공기의 질·온도·습도·빛의 양·잡음 정도, 몇 명이 머무르는지·어떻게 사용되었는지 등등 엄청난 양의 데이터가 나올 텐데, 많은 기업들과 수익형 부동산 관리property management 회사 담당자들이 이것을 분석해서 총원가를 줄이는 데 사용할 것입니다. 즉, 실내 공간을 열린 공간으로 만들고 지정석이나 지정공간을 없애 공간 활용도를 높인다는 것이죠. 공유 오피스 회사인 위워크WeWork처럼 오피스 공간을 공공재처럼 사용하는 경향이 커질 텐데 여기에 실내 환경 빅데이터들이 활용될 것입니다. 또한 어웨어의 센서와 플랫폼이 전철과 버스에 실제로 제공되고 있는데, 나중에는 우리가 사용하는 모든 실내에 환경 센서와 플랫폼이 깔리게

실리콘밸리, 미래의 최전선에서 본 리얼 시나리오

될 것입니다.

그리고 저희 분야 이외의 기술 중에서는 AR과 VR이 모든 가전에 적용되지 않을까 예상합니다. 예를 들어 TV를 보려면 지금은 TV 형태를 한 하드웨어가 필요하죠. 하지만 시간이 갈수록 이러한 기능별 하드웨어는 사라지게 되고 AR·VR로 대체될 것 같습니다.

우리가 가지고 있는 자원은 한정적이고, 그러다 보니 가지고 있는 자원을 최대한 활용하는 식의 기술들이 나오리라 생각합니다. 공유경제가 하나의 예입니다. 앞서도 말했지만, 빌딩 관리 분야에서는 공간은 최대한 활용하고 에너지 소비는 최대한 줄이는 기술들이 등장할 것으로 봅니다.

반도체 없는 4차 산업혁명은 없다

 아날로그 회로 전문가 인터뷰
남기영 (아날로그 회로 디자이너Analog Designer, 애플Apple)

반도체 기술은 제4차 산업혁명의 전제이자 두뇌이다. 애플에서 반도체 회로를 설계하고 있는 남기영 씨로부터 반도체 분야의 현재와 미래, 그리고 AI와의 결합에 대한 생각을 들어보았다. 전문적인 분야 특성상 독자의 이해를 위해 더 쉽게 풀이하지 못한 데 대해 양해를 구한다.

배정훈   반도체 설계 분야에서 기술을 선도하고 있는 기업들이 있다면 어디라고 생각하십니까? 또한 어떤 분야의 스타트업에 주목해야 할까요?

남기영   퀄컴과 인텔, 애플입니다. 앞으로는 AI 프로세서와 관련된 스타트업들에 주목할 필요도 있다고 봅니다.

배정훈   현재 극복해야 할 기술적인 문제들은 어떤 것들이 있습니까?

남기영   CMOS 스케일링scaling이 물리적인 한계로 인하여 향후 몇 년 안에 멈추게 될 텐데, 이렇게 될 경우 반도체 칩을 어떻게 계속 향상시키는가의 문제가 있습니다. CMOS 스케일링에 대해 간단히 설명하자면, 대부분의 반도체 칩들은 CMOS 공정에 의해서 생산이 됩니다. 반도체 칩의 집적도는 이 공정의 미세화로 인하여 향상되어 왔는데, 여기서 말하는 CMOS 공정의 미세화를 CMOS 스케일링이라고 부릅니다. 즉, CMOS 스케일링이란 CMOS 트랜지스터의 크기가 차세대 공정으로 갈 때 줄어드는 것을 말하고, 이렇게 함으로써 집적도와 속도를 높일 수 있습니다.

배정훈 앞으로 5년 후 반도체 분야는 얼마나 중요해질지, 5점 만점을 기준으로 점수를 매겨주십시오. B2C 측면과 B2B 측면 모두 말입니다.

남기영 B2C 측면에서는 1점, B2B 측면에서는 5점을 주고 싶습니다. 제4차 산업혁명이라고 거론되는 거의 대부분의 서비스들이 애플리케이션 레벨인데 그것을 뒷받침하는 반도체가 없이는 실현 불가능하기 때문입니다.

배정훈 종사하고 있는 분야가 발전하려면 어떤 산업이 바탕이 되어야 합니까?

남기영 기초물리, 재료공학, 광학, 화학공학 등의 종합적인 노력이 반도체 공정을 향상시켜왔습니다. 그리고 그것을 편리하게 사용할 수 있도록 지원해주는 CAD 산업이 있었습니다. 이 두 가지가 현재의 반도체 산업을 있게 한 큰 원동력이라고 생각합니다.

배정훈 반대로 종사하는 분야가 다른 어떤 분야에 밑거름이 된다고 보십니까?

남기영 앞에서도 언급했듯이 제4차 산업혁명의 거의 모든 분야가 반도체 기술 없이는 실현 불가능합니다. 반도체 기술의 발전을 통해 소프트웨어 또는 애플리케이션 레벨의 혁신이 가능한 것입니다. 보다 다양하고 풍부한 콘텐츠를 보유한 애플리케이션이 많아짐

구글 TPU(좌)와 인텔 너바나(우) / 출처 : PC월드, 인텔 홈페이지

에 따라 더욱 고성능의 하드웨어가 필요해지는데, 그러한 요구를 해결하는 중심에 반도체 칩이 있습니다.

배정훈 앞으로 5년 후에 어떠한 획기적인 기술들이 나올 거라 보십니까?

남기영 멀티도메인 AI 프로세서Multi-domain artificial intelligence processor가 나오리라 생각합니다. 현재 AI는 한 분야에 특화된 업무를 수행할 수 있습니다. 예를 들면 알파고는 바둑에 특화되어 있고, IBM 왓슨의 영상 AI는 의료 영상medical image를 판독하는 업무에 특화되어 있습니다. 멀티도메인 AI는 여러 분야를 골고루 잘 하는 AI를 말합니다. 쉽게 말해, 영상의학과 의사가 바둑도 잘 두는 경우입니다. 이런 멀티도메인 AI는 지금 사용되고 있는 AI보다 한 차원 더 높은 AI입니다. 아직은 많이 연구되지 않은 (어려운)

실리콘밸리, 미래의 최전선에서 본 리얼 시나리오

분야입니다.

배정훈 멀티도메인 AI 프로세서는 신경망 전용 프로세서인 구글 TPU2
나 인텔 너바나Nervana와는 어떤 점이 다릅니까?

남기영 아직 멀티도메인 AI가 나오지 않은 상태이므로, 현재로서는 정확
히 어떻게 다른지 알 수 없습니다. TPU2나 너바나는 현재 AI가
필요로 하는 연산을 가장 에너지 효율적energy-efficient으로 수행
하는 프로세서입니다. 멀티 도메인 AI가 알고리즘 차원에서 설계
되면 그에 최적화된 프로세서가 나올 것으로 예상합니다.

디지털 마케팅은 4차 산업 기술을 먹고 자란다

 빅데이터 분석처리 전문가 인터뷰
송상철(치프 아키텍트Chief Architect, 오쓰Oath/ former AOL and Yahoo)

오쓰Oath는 버라이즌 커뮤니케이션즈Verizon Communications의 자회사
인 디지털 미디어 기업으로, 과거 AOL과 야후가 버라이즌에 합병되
며 설립되었다. 현재 허핑턴포스트Huffingtonpost와 야후 파이낸스Yahoo!
Finance 등의 사이트를 운영하고 있으며 주된 매출은 광고에서 나온
다. 오쓰의 빅데이터 분석처리 전문가 송상철 씨에게 제4차 산업혁명

과 디지털 마케팅의 현재와 미래를 물었다.

배정훈 어떤 분야에 종사하며, 어떤 일을 하십니까?

송상철 AI, 머신러닝 및 디지털 마케팅 분야에 종사하고 있습니다. 자세히 설명하자면, 지금 하는 일은 프로그래마틱 광고Programmatic Advertising 연구 및 개발입니다.

　프로그래마틱 광고란 쉽게 말하자면 인터넷 상의 전광판을 자동으로 관리하는 것이다. 다만 광고 계약에 따라 불특정 다수에게 일정 기간 같은 광고를 보여주는 전광판과는 달리, 개별 방문자마다 다수의 광고주를 상대로 60~100밀리초ms 사이에 이루어지는 실시간 경매를 통해 낙찰된 광고가 보여진다. 따라서 수많은 수요자광고주와 공급자웹사이트 사이에 자동거래 알고리즘을 통해 광고 게재 계약이 이루어진다. 예를 들어 특정 자동차를 검색한 이후에 그 자동차 회사뿐 아니라 더 많은 경쟁 자동차 회사의 광고가 보여지는 경험을 한 적이 있을 것이다. 이는 내가 자동차에 관심이 있다는 정보를 파악한 자동차 광고주들이 내가 방문한 인터넷 사이트에 더 높은 가격으로 실시간 경매에 응해 낙찰되었기 때문이다.

배정훈 프로그래마틱 광고 기술을 선도하고 있는 기업들이 있다면 (본인 회사를 제외하고) 어디라고 생각하십니까?

송상철 대기업으로는 구글과 페이스북이 있습니다. 스타트업 중에서는 인터그럴 애드 사이언스Integral Ad Science와 모트Moat를 주목할 만합니다. 전자의 경우 광고주를 위한 브랜드 세이프티Brand Safety 서비스를 제공하는 것이 특징입니다. 후자의 경우 2017년 8억 5천만 달러에 오라클Oracle에 인수되었습니다. 두 회사 모두 클라우드 기반 온라인 마케팅 분석 업체입니다.

브랜드 세이프티란 광고주의 광고가 어떤 특정 성향의 온라인 출판물웹사이트, 비디오, 앱 등에 올려지지 않는 것을 말한다. 여기서 특정 성향의 출판물이란 사회적으로 용인되지 않는 가치 혹은 광고주 회사가 추구하는 가치에 반하는 출판물이다. 예를 들어 돼지고기 광고를 이슬람 사이트에 게재하고 싶어 하는 광고주들은 없을 것이다. 과거 오프라인 계약을 통한 광고는 이를 제어하기가 비교적 용이하였으나, 끝없이 생산되는 수백만 개의 출판물과 수천 개의 광고주들이 경쟁하는 실시간 광고 입찰 상황에서 이를 제어·검증하는 일은 새로운 도전이 되고 있다.

배정훈 현재 극복해야 할 기술적 문제들은 무엇입니까?

송상철 첫째로 광고사기 검출ad fraud detection입니다. 프로그래마틱 광고의 생태계eco-system를 해킹하여 광고 수익을 올리는 봇bot을 검출해내는 기술은 계속 발전하고 있습니다. 그러나 해킹 기술 또한 나날이 발전하고 있기 때문에 정복하기 어려운 분야입니다. 둘째로 개인정보 보호와 효율성Privacy vs efficiency에 대한 기술적 조율입니다. 최근 페이스북 정보 유출 사건에서 보여지듯이, 광고주들에게 타깃 광고Targeted Advertising는 가장 효율적이고 보편화된 방법이지만 대중의 개인정보를 침해한다는 비판을 받고 있습니다. 하지만 이에 대한 적절한 기술적 조율이 쉽지 않은 것 또한 사실입니다.

봇이란 인터넷 상에서 사람을 대신하여 자동화된 작업을 수행하는 프로그램을 말한다. 예를 들어 스파이더나 크로울러와 같이 검색 콘텐츠를 수집하는 역할을 하는 것을 웹봇web bot이라고 한다.

배정훈 5년 후에는 프로그래마틱 광고 분야가 얼마나 중요해질까요? B2B 측면과 B2C 측면 둘 다 고려해 주십시오. 점수로 매기면 5점 만점에 몇 점 정도로 생각하며, 그 이유는 무엇입니까?

송상철 B2C 측면으로는 2점, B2B 측면으로는 5점을 주겠습니다. 빅데이터·IoT·AI 기술의 발달과 더불어 더 효율적인 광고에 대한 요구와 그에 상응하는 기술 개발이 보다 활발히 이루어지리라 생각됩니다. 디지털 광고는 소비자들에게 직접 다가가지만, 그 기반 기술은 광고주와 콘텐츠 제공자를 연결해주는 B2B적인 면이 매우 강한 분야입니다.

배정훈 지금 하고 계시는 분야는 어떤 산업 영역에 영향을 받으며, 반대로 어떤 분야에 영향을 미칩니까?

송상철 프로그래마틱 광고는 5G 같은 인터넷망 기술, 그리고 디지털 TV나 스마트폰·IoT 같은 소비재consumer product 기술, 웹서치·이메일·SNS 등의 기본 인터넷 툴에 바탕을 두고 있습니다. 인터넷망 기술과 소비재 기술은 소비자들에게 가장 효율적인 광고를 노출시키는 수단을 제공하며, 기본 인터넷 툴은 타깃 광고의 정보처리를 위한 기본 데이터를 제공합니다.

더불어 디지털 광고 기술은 대중들이 쉽게 무료로 사용할 수 있는 필수 툴, 말하자면 구글 검색이나 SNS·각종 온라인 뉴스 등의 존재를 가능하게 하는 지지대 역할을 합니다.

배정훈 앞으로 5년 후 어떤 획기적인 기술들이 선보이리라 예상하십니까?

4차 산업혁명, 무엇을 알고 어디에 투자할 것인가

송상철   일단 단기적으로 봤을 때, 좀 더 검증된 Verifiable 광고 노출을 가
능하게 해줄 수 있는 (예를 들어 광고사기를 방지할 수 있는) 블록체
인 기반 기술이 선보이지 않을까 가늠해 봅니다. 또한 AR·VR에
기반을 둔 광고 노출 기술 또한 더더욱 발전되리라 생각됩니다.
이외에는 5G와 5G 이후 셀룰러 네트워크 분야에서 놀라울 만
한 대역폭 확장을 바탕으로 수많은 획기적인 기술이 나타나리라
예상합니다. 예를 들어, 모바일 디바이스에 대용량 데이터를 기
반으로 하는 앱들이 등장할 것입니다. 또한 AR·VR 기술 및 이에
바탕을 둔 부가가치 산업이 부흥할 것으로 생각됩니다.

하드웨어를 프로그래밍한다

 FPGA 전문가 인터뷰
김은미 (하드웨어 엔지니어Staff H/W Engineer, 자일링스Xilinx, Inc)
김석진 (제품 엔지니어링 매니저Product Engineering Manager, 자일링스Xilinx, Inc)

2018년 자일링스Xilinx는 차세대 프로그래머블 반도체FPGA 솔루션인
에베레스트Everest, 즉 적응형 컴퓨팅 가속화 플랫폼ACAP를 공개했다.
4년간 총 10억 달러를 투여한 이 프로젝트의 콘셉트는 하드웨어가
소프트웨어만큼이나 민첩해야 한다는 것이다. FPGA는 가속화를 지

실리콘밸리, 미래의 최전선에서 본 리얼 시나리오

원하는 프로세서로, 수천만 달러를 사용하지 않아도 최적화된 컴퓨팅 경로를 즉석에서 구성할 수 있다. 저렴한 간격과 연산기능 추가 등의 간편성으로 인해 이미 많은 IT 기업이 FPGA를 도입하였다.

하드웨어란 한번 설계하고 만들면 더이상 기능 수정이 불가능하고 다시 만들어야 한다. 반대로 소프트웨어란 그 실체는 없지만 언제든 재프로그램^{수정 및 기능 추가 등}이 가능하다. 그래서 보통 하드웨어를 범용으로 만들고, 기능은 소프트웨어로 구현한다. 대표적인 예가 컴퓨터와 스마트폰이다. 기능을 향상시키기 위해 또 다른 컴퓨터와 스마트폰을 구입하는 것이 아니라 소프트웨어를 업데이트하면 되는 것처럼 말이다.

FPGA는 그중간 개념을 구현하려는 노력에 의해 탄생했다. 소프트웨어처럼 재프로그램이 가능한 반도체가 바로 그것이다. 마치 레고 블록과 같아서 원래 모양을 분해하여 원하는 모양으로 다시 조립할 수 있다.

FPGA 개발보드의 예. 최근 IoT가 각광받으면서 FPGA의 중요성이 점차 강조되고 있다. 아마존웹서비스(AWS)에도 이미 FPGA 프로그래밍 서비스를 시작하였다. / 출처 : www.theregister.co.uk

이것이 주목받는 이유는 비용 절감 효과 때문이다. 현대의 거의 모든 자동화기기는 범용 컴퓨터와 소프트웨어로 구현할 수 있다. 자판기, 개찰구, 무선인터넷 모뎀, 자동문, 심지어 스마트폰도 범용 컴퓨터와 소프트웨어로 구현 가능하다. 하지만 누가 그 단순한 기능을 구현하기 위해 커다랗고 비싼 컴퓨터를 사용하겠는가? 이건 소 잡는 칼로 닭을 잡는 경우와 같다. 필요한 기능을 필요한 부품으로 단기간에 구현하는 것이 중요한데, 이 개념은 집적회로에도 똑같이 적용되며, FPGA는 그러한 경우에 사용된다.

자일링스에서 시스템 개발에 참여하고 있는 김은미 씨와 김석진 씨에게 FPGA와 SoC^{System on Chip} 분야의 현황과 미래에 관한 생각을 물었다.

배정훈　어떤 분야에 종사하며, 어떤 일을 하십니까?

김은미　프로그래머블^{Programmable} SoC 분야에 종사하며, FPGA 회사의 개발직으로 일하고 있습니다. FPGA는 하드웨어를 소프트웨어처럼 디자인해서 사용자의 목적에 맞는 하드웨어를 만들 수 있는 기술이라고 보시면 됩니다. 요즘 이 분야는 SoC이라고 하여 시스템 자체를 하드웨어에 구현하여 사용자들에게 개발의 편의성과 다양성을 함께 추구하는 방향으로 가고 있으며 저는 그러한 시스템 중 한 부분을 개발하는 일을 하고 있습니다.

김석진　FPGA와 SoC 팹리스 반도체^{System-on-a-chip Fabless Semiconductor}

개발 분야에 종사합니다. 지금은 고속 혼합신호 회로High speed mixed signal IC 개발 및 SoC 하위 단위sub-block 개발을 맡고 있습니다.

팹리스Fabless란 반도체 설계 및 기술 개발은 하되 생산은 아웃소싱하는 방식을 말한다. 이러한 개념은 자일링스에서 처음으로 탄생했다. 이 방식을 사용하는 회사 중 가장 대표적인 회사는 퀄컴이다.

반대로 파운드리Foundry란 팹리스 회사에서 설계도를 받아 생산만하는 방식인데 대표적인 회사로는 대만의 TSMC, 한국의 삼성전자 등이 있다.

배정훈 이 분야의 기술을 선도하고 있는 기업들이 있다면 (본인 회사를 제외하고) 어디라고 생각하십니까?

김은미 인텔과 AMD, 엔비디아겠지요.

김석진 구글과 애플, 브로드컴, 퀄컴, 인텔, AMD, 엔비디아, 화웨이, 인피네라 등을 꼽을 수 있을 겁니다.

배정훈 해당 분야에서 최근에 주목받는 스타트업들이 있습니까?

김은미 넷스피드 시스템NetSpeed systems, 아테리스Arteris 정도네요. 저도 찾아보고서 알았습니다. 칩 제조업체인 넷스피드 시스템은 2018년 9월 인텔에 인수되

김석진 분야 특성상 스타트업과 이 분야팹리스 반도체는 잘 맞지 않습니다. 혹자는 차세대 SoC 개발 가운데서도 설계 분야는 스타트업 회사가 접근할 수 있다고 말할지 모르겠습니다. 하지만 실제로 안정적인 대량생산이 가능하느냐는 또 다른 문제입니다. 대량생산을 위해서는 다양한 방법과 방식들이 있는데 그것들을 무시할 수가 없습니다. 어떤 스타트업 회사가 굉장히 좋은 반도체를 설계했다 해도, 삼성이나 TSMC와 같은 고품질의 파운드리에서 그 스타트업의 설계를 받아서 생산해줄 리 만무합니다. 그렇다고 직접 파운드리 공장을 짓는 것은 더더욱 불가능하고요. SoC 분야에서는 실제 생산된 제품이 없으면 그 회사의 기술적 가치를 증명할 수 없습니다.

배정훈 SoC 분야에서 현재 극복해야 할 기술적인 문제들은 어떤 것입니까?

김은미 지금 이 분야의 추세는 하드웨어에 대한 전문 지식이 없더라도 알고리즘만 가지고 하드웨어를 디자인할 수 있도록 사용자의 편의성을 높이는 쪽으로 가고 있습니다. 즉, 소수의 전문가가 다수의 공통적인 문제를 미리 해결한 패키지를 제공함으로써 엔지니어들에게 디자인과 테스트의 시간을 줄여주는 것이죠. 그렇게 하기 위해서는 다수의 전문적이지 않은 사람들에게도 잘 쓰일 수 있는, 그러니까 인터페이스가 쉬운 개발 툴들이 필요한데 아직까지는 그 부분이 미흡합니다.

배정훈 5년 후에 이 분야는 얼마나 중요해질까요? B2B와 B2C 측면을 모두 고려하여 5점 만점을 기준으로 점수를 매겨주십시오. 그리고 이유는 무엇입니까?

김은미 B2C 측면으로는 1점, B2B 측면으로는 4점을 주겠습니다. 지금 개발하는 분야는 직접적으로 제품을 생산하는 데 도움이 되기보다는 제품이나 서비스를 개발하는 회사에서 쓰이는 경우가 대부분입니다.

김석진 저는 B2C 측면으로는 4점, B2B 측면으로는 5점을 주겠습니다. B2C 쪽은 소프트웨어 기술을 기반으로 하여 전문적인 지식 없이도 현재 모바일 앱을 개발하는 것과 같이 일반 유저들과 함께 기술 개발이 가능한 방향으로 발전할 겁니다. 그러므로 그 기여도가 높다 할 것입니다. B2B 방면으로는 SoC 분야에서 현재 개발하고 있는 반도체의 비중이 더욱 커짐에 따라 기존의 편협한 기능을 벗어나서 보다 다양하게 응용할 수 있는 시스템이 구현될 것입니다.

배정훈 종사하고 계신 분야는 어떤 산업 영역의 영향을 받습니까?

김은미 반도체의 발전이겠죠. 이 분야 역시 반도체 칩 기술에 기반하고

있으니까요.

김석진 바탕을 두고 있는 것은 인터넷망 기술5G과 소비재 기술, 기본 인

터넷 툴입니다. 그러나 하드웨어 기술이다 보니 그 과정상 머신

러닝·빅데이터 분석·클라우드 컴퓨팅 등 앞으로 도래할, 아니

현재 진행 중인 기술과도 직접적으로 연결되어 있습니다. 특히

제품 특성 조사와 검증 등의 상용화 또는 대량생산·제조와 관련

해서는 단계별 기술들이 반도체 공정과 시스템 구축 전반에 응

용될 수 있습니다.

배정훈 그럼 반대로 지금 하고 있는 일이 어떤 분야에 영향을 미칠 수

있다고 생각하시나요?

김은미 이 분야는 사용자의 필요에 따라 다른 디자인으로 손쉽게 변환

될 수 있기 때문에 여러 분야에 영향을 끼칠 수 있습니다. 예를

들면 웹서비스의 데이터 속도를 향상시키는 데 이용될 수 있습

니다. 또한 자율주행과 머신러닝의 알고리즘을 개발하고 구현

하는 경우나 유전자 분석 등 다양한 분야에 영향을 줄 수 있습

니다.

김석진 이 분야는 전자제품Electronics 전반에 사용되는 집적 기술과 관련

이 있습니다. 제가 종사하는 분야의 기술은 일반적으로 성능 검

실리콘밸리, 미래의 최전선에서 본 리얼 시나리오

중 및 스펙 관련 품질 강화가 주 목적이며, 이어서 대량 생산과 생산 기술의 증대를 그 목적으로 합니다. 따라서 가전제품 품질 제어In-House product quality control 기술 등 응용 분야가 무궁무진하다 하겠습니다. 일례로, CDMA 통신 기술은 최초에는 군사용 목적이었지만 지금은 상용화되었고, 여기서 더 나아가 5G 기술로 이어지고 있습니다. TMStest and measurement, 즉 계측 분야나 오토메이션 등 직접적으로 관련된 산업군들도 있습니다.

배정훈 앞으로 5년 후 나타날 획기적인 기술로는 어떤 것이 있을까요?

김은미 기존의 하드웨어를 바꾸지 않고도 성능을 몇 배 향상시키는 기술, 더 빠르고 정확하게 사물을 인식하는 기술, 보다 진화한 데이터 처리 기술 등이 나타날 것입니다. 또한 가상현실이 더욱더 상용화될 것 같습니다. 게임이나 운동뿐만이 아니라 일상적인 생활에도 가상현실이 많은 도움이 되지 않을까 합니다.

김석진 일단 제 분야에서는, 지금 종사하는 칩셋이 잘 응용된다면 5G 통신망 구축과 IoT, 헬스케어(MRI·CT·로봇수술 등), 자율주행 레이더 등 산업 전반에 더욱 고성능의 센서 네트워크를 구축할 수 있고, 이를 통한 데이터 샘플링이 가능할 것입니다. 특히 소프트웨어 기술을 이용해 기존의 전문 하드웨어 기술들이 필요치 않은 개발 플랫폼이 구축됨으로써 현재 앱 개발처럼 유저가 쉽게,

또 같이 기술을 개발할 수 있는 단계로 나아갈 것입니다.

또한 그 외 분야에서는 가상현실, 3D 디스플레이, 웨어러블 디바이스 등 기술과 인간의 관계를 더욱 밀접하게 연계시킬 기술들이 선보이고, 상용화될 것으로 예상합니다. 특히 3D 디스플레이의 보급과 웨어러블 디바이스를 통해 생성되는 거대한 데이터와 그 처리 기술 등이 앞으로 어떻게 펼쳐질지 상상하기 어렵습니다. 보다 많은 분들이 더 쉽고 빠르고 효율적으로 데이터를 처리할 수 있게 되고 나아가 그 데이터의 자체 응용이 가능해진다면, 인류 전체가 누릴 문명의 혜택은 더욱 커질 것입니다.

로봇에 자율성을 프로그래밍하라

 로봇 전문가 인터뷰
카트린 뷰차드Katrin Beauchaud
(제품 매니저Product Manager, 메리필드 로보틱스Mayfield Robotics)

메이필드 로보틱스는 보쉬의 투자를 받은 스타트업으로, CES 2017에서 가정용 로봇 큐리Kuri를 선보여 호응을 얻었다. 큐리의 기능 중 하나는 경비 기능으로, 한밤 중이나 사용자가 외출한 시간에 비정상적인 소음 또는 움직임이 감지되면 이를 사용자의 스마트폰으로 전

실리콘밸리, 미래의 최전선에서 본 리얼 시나리오

송할 수 있다. 애니메이션 스튜디오인 픽사Pixar가 설계한 귀여운 외관으로도 유명하다.

안타까운 소식은 메이필드 로보틱스가 외부 파트너 물색에 실패함으로써 결국 2018년 8월 사업을 중단했다는 것이다. 사업 중단 전 메이필드 로보틱스의 제품 매니저로 일하는 카트린 뷰차드 씨에게서 로봇과 AI 산업의 현황 및 미래를 물었다.

배정훈 어떤 분야에 종사하고 계십니까?

뷰차드 AI와 머신러닝, IoT, 로보틱스 분야입니다.

배정훈 어떤 일을 하고 계십니까?

뷰차드 메이필드 로보틱스라는 스타트업에서 근무하고 있습니다. 보쉬로부터 펀딩을 받았습니다. 현재 개발하고 있는 것은 큐리라는 작고 귀여운 가정용 로봇입니다. 큐리는 실질적으로 쓸모있다고 여겨지는 세계 최초의 동반자 로봇companion robot이 되는 것을 목표로 하고 있습니다. 저는 제품 매니저로서 주 업무는 제품 디자인과 기능 개발에 기준이 되는 제품의 의의와 목적을 정립하는 것입니다. 또한 제품 개발의 로드맵 및 기능 중요도를 정리하고, 로봇에게 필요한 동작들을 도출해내는 일을 하고 있습니다.

배정훈 이 분야에서 기술을 선도하고 있는 기업들이 있다면 어디라고 생

동반자 로봇 '큐리' / 출처 : 메리필드 로보틱스 홈페이지

각하십니까? 또 주목하는 스타트업은 무엇인가요?

뷰차드 선도 기업으로는 아마존랩스와 소프트뱅크를 꼽겠습니다. 스타
트업 중에서는 지보_{Jibo}를 눈여겨보고 있습니다.

배정훈 현재 로봇 분야에서 극복해야 할 기술적인 문제들은 어떤 것이
있나요?

뷰차드 **슬램**_{SLAM} 로봇이 스스로 돌아다니면서 실내지도를 그린다. 그러면서 자연스럽게 지도상에 자신이
어디에 있는지 스스로 알게 되는 것이다. –저자, 자율주행 중 음성인식, 그리고 영
상인식_{얼굴, 사물 등}을 위한 기계학습 등이 있습니다.

배정훈 5년 후 로봇 분야가 얼마나 중요해질까요? B2B와 B2C 양 측면
에서 5점 만점을 기준으로 점수를 매겨주십시오.

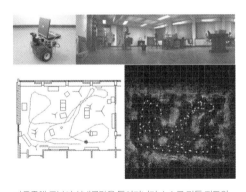

자율주행 로봇이 실내공간을 돌아다니며 스스로 만든 지도와
궤적 / 출처 : oldsite.inrim.it

뷰차드 둘 다 5점을 주고 싶습니다. 로봇 분야가 부상하고 있음을 대체로 인정하는 분위기입니다. 가정용 로봇은 일상생활에서 점점 더 비중 있는 역할을 맡게 될 것입니다. 주로 반복적인 일 혹은 가족의 행복한 모습들을 기록으로 남기는 기능(현재 큐리의 기능 중 하나입니다) 등을 수행하며 사람들의 삶을 편안하게 만들어주리라 생각합니다. 반면에 산업용으로는 인간이 하기 위험한 일 혹은 하기 싫은 일들을 하게 될 텐데요. 다양한 분야의 산업 현장에서 쓰일 것입니다.

배정훈 로봇 분야가 발전하려면 어떤 산업이 바탕이 되어야 합니까? 또 반대로 종사하는 분야가 어떤 분야의 밑거름이 된다고 보십니까?

뷰차드 일단 자율주행, 기계학습, 인공지능, 음성처리 기술이 발전의 바탕이 됩니다. 반대로 로봇은 자율주행 분야에 기여할 것입니다.

배정훈 5년 후에 어떤 획기적인 기술들이 나올 거라 보십니까?

뷰차드 자연어 처리와 자율응대가 가능해진 로봇들이 가정에 자연스럽게 보급될 것으로 보입니다. 그 밖에도 우리 주위에서 AI가 응용되는 장면을 더 많이 볼 수 있으리라 생각합니다.

PART 4

당신에게 부를 안겨줄 진짜 게임체인저는 누구인가? _해외 핵심 기업과 대한민국 럭키 7

바로 이 순간 미래를 읽는 눈을 가진 사람은 수십 년 후 한국의 워런 버핏이 될 수 있을 것이다. 아니, 워런 버핏까지는 아니라 해도 지금의 기회에 올라타서 미래에 대한 투자를 시작한다면 적어도 십 년 이십 년 후에는 경제적 자유를 누릴 수는 있을 것이다. 미래가 현재의 우리에게 투자의 기회를 주고 있는 것이다! 그렇다면 이 기회를 어떻게 잡아야 할까? 바로 지금부터 소개할 글로벌 선도 기업 5개와 아시아 핵심 기업 10개 등 15개 기업에 답이 있다.

아직도 제4차 산업혁명을 생각하면 가장 먼저 '일자리 걱정'부터 떠오르는가? 파트 1에서도 말했듯, 기술 경제의 패러다임이 변화하는 시기마다 신흥 부자가 등장했다. 적어도 이 책을 읽고 있다면, 제4차 산업혁명을 두려운 미래가 아닌 '새로운 기회를 주는 미래'로 인식해야 할 것이다. 바로 이 순간 미래를 읽는 눈을 가진 사람은 수십 년 후 한국의 워런 버핏이 될 수 있을 것이다. 아니, 워런 버핏까지는 아니라 해도 지금의 기회에 올라타서 미래에 대한 투자를 시작한다면 적어도 십 년 이십 년 후에는 경제적 자유를 누릴 수 있을 것이다.

미래가 현재의 우리에게 투자의 기회를 주고 있는 것이다! 그렇다면 이 기회를 어떻게 잡아야 할까? 가장 먼저 할 일은 제4차 산업혁명을 현실화시키고 있는 기업들의 움직임에서 눈을 떼지 않는 것이다. 그런데 대체 어떤 기업을 두 눈 부릅뜨고 지켜봐야 하는가? 이 책에서는 반드시 주목해야 할 곳으로 글로벌 선도 기업 5개와 아시아 핵심 기업 10개 등 15개 기업을 소개한다.

먼저 글로벌 선도 기업으로 꼽을 수 있는 것은 플랫폼 기반의 빅[Big] 3인 아마존·알파벳·페이스북과 디바이스 기반의 톱[TOP] 2인 애플·삼성전자이다.

이어서 아시아의 핵심 기업들을 보자. 중국과 일본을 대표하는 베스트 3 기업은 알리바바·바이두·소프트뱅크그룹이며 대한민국에서는 셀바스AI·에스피지·다산네트웍스·케이엠더블유·현대통신·하이비젼시스템·한컴MDS 등 7개 기업을 꼽을 수 있다.

이들 기업은 모두 각국의 주식 시장에 상장되어 있다. 2018년 7월 기준으로 아마존은 9천억 달러, 알파벳은 8천억 달러, 페이스북은 6천억 달러 이상의 시가총액을 기록하는 등 일부 기업은 이미 세계 최고의 가치를 인정받는 중이다. 그런데 말이다, 이들은 아직 본 경기에 들어가지도 않았다. 본 경기를 위한 훈련과 연습경기만 뛰었을 뿐! 이들이 어떻게 미래에 열릴 본 경기를 준비하고 있는지 지금부터 살짝 들여다보자.

당신에게 부를 안겨줄 진짜 게임체인저는 누구인가?

앞으로 10년, 변화의 흐름을 주도할
글로벌 선도 기업 5

지금까지의 이야기를 통해 우리는 제4차 산업혁명을 주도하는 핵심적인 요인을 파악했다. 그것은 바로 데이터, 그중에서도 빅데이터이다! 그렇다면 그 빅데이터를 움켜쥐고 전 세계 제4차 산업혁명을 이끌어갈 최고의 기업은 어디일까? 멀리서 찾을 필요 없다. 플랫폼 기반의 아마존, 구글, 페이스북 그리고 디바이스 기반의 애플과 삼성전자가 그 주인공들이다. 이미 이들은 우리 일상 속에 깊숙이 스며들어 있다.

플랫폼 기반의 빅3 : 아마존, 알파벳, 페이스북

아마존과 알파벳, 페이스북은 온라인 플랫폼을 구축하여 사람들에게 무료로 제공하고, 사람들이 플랫폼을 통해 쏟아내는 엄청난 양의 데이터를 수집하고 분석한다. 그리고 사람들에게 실시간 맞춤형 서비스를 제공함으로써, 그들의 온라인 플랫폼에 더 많은 사람이 모여들고 더 많은 시간과 비용을 소비하도록 하는 파괴적 혁신의 선순환

구조를 구현했다.

이들의 공통점은 창업 이후 현재까지 공격적인 인수합병을 통해 미래를 선도할 기술, 즉 앞서 설명한 테크 5를 확보하였다는 것이다. 그리고 테크 5를 융합하여 그들만이 만들어낼 수 있는 새로운 미래를 차근차근 준비하고 있다. 그렇다면 이들이 강조하는 가치와 목표는 무엇일까? 이와 관련해 세계 3대 일간지 중 하나인 영국의 〈파이낸셜 타임스〉는 다음과 같이 표현했다.

"구글이 당신의 관심사가 무엇인지 알고 있고, 페이스북이 당신이 누구인지 알고 있다면, 아마존은 당신이 무엇을 구매하는지 알고 있다."

감이 오는가? 독자 여러분의 이해를 돕기 위해 3개 기업의 특징을 정리했으니 다음 페이지의 표를 참고하기 바란다. 이들 기업은 앞서 파트 3에서도 다루었는데(구글은 알파벳의 자회사이다), 앞 장에서 이들이 진행 중인 데이터 중심의 사업들을 살펴보았다면 이번 장에서는 그들의 과거와 현재 그리고 미래 비전을 살펴봄으로써 투자의 포인트를 짚어보려 한다.

당신에게 부를 안겨줄 진짜 게임체인저는 누구인가?

구분	아마존	알파벳	페이스북
핵심가치	고객에 대한 집착 Customer Obsession	재미와 자유로움 Fun & Freedom	자유로운 공유와 연결 Deliver the freedom, to share & connect
추구가치	이성적 욕구 (가성비, 절약)	신체적 욕구 (안전과 건강, 편의)	감정적 욕구 (일상의 공유, 사회관계 형성)
집중분야	커머스, 물류 네트워크	헬스케어, 자율주행	3D 영상(AR, VR)
주요목표	오프라인 시장 장악	최고의 효용 제공	트래픽, 체류시간 증대
전략방향	기업 인수, 기술 융합	기업 인수, 지주회사 설립, 기술 융합	기업 인수, 기술 융합

◇ 오프라인과 헬스케어 시장으로의 확장을 꾀하는 아마존

아마존은 미국 시애틀에 본사를 둔 세계 최대의 전자상거래 회사로, 1994년 제프 베조스가 설립했다. 1995년에 온라인 서점으로 시작하여, 1997년 음악과 비디오 게임 등 제품 라인업을 강화했다. 2005년 전자책 단말기 '킨들'을 시작으로 전자 기기 제조로 사업 영역을 확장했고, 유휴 인프라를 활용한 클라우드 서비스를 론칭하며 사업 영역을 다각화했다. 2017년에는 홀푸드마켓을 인수하며 오프라

아마존의 프라임 회원들을 위한 대대적인 할인 이벤트 '아마존 프라임 데이' / 출처 : 아마존 홈페이지

인 시장에 진출했고, 미국 12개 주에 의약품 판매 서비스를 진행 중이다. 또한 2018년에는 온라인 약국인 필팩을 인수하는 등 끊임없이 영역 확장을 도모하고 있다. 2018년 9월에는 애플에 이어 두 번째로 '꿈의 시총'으로 불리는 1조 달러를 넘어서기도 했다.

아마존은 2017년에 1,779억 달러의 매출을 기록했는데 이는 전년 대비 30% 이상 증가한 것이다. 그리고 2018년 7월 16일부터 36시간 동안 진행된 아마존 프라임 데이 Amazon Prime Day 행사에서는 1억 개가 넘는 상품이 판매되어 34억 달러 이상의 매출이 예상되고, 전 세계 사용자들이 몰리면서 웹사이트가 1시간가량 마비되기도 했다. 이러한 아마존의 성장세는 지속될 것으로 보이는데 특히 오는 2020년까

당신에게 부를 안겨줄 진짜 게임체인저는 누구인가?

지는 매년 20% 이상 성장할 것으로 예상된다.

그렇다면 아마존은 어떻게 10년 가까이 고속성장을 이어오며 지금과 같은 거대 기업이 되었을까?

파트 3에서도 언급했듯, 기본적으로 아마존은 박리다매를 추구한다. 경쟁사가 따라올 수 없는 가격을 제시하여 소비자는 물론이거니와 제조업체와 소매업체까지 아마존을 선택하지 않을 수 없게 한다. 최근에는 아마존 에코를 통해 아마존 프라임에 가입한 충성 고객들로부터 다양한 빅데이터를 얻고 있다. 아마존의 AI 플랫폼인 알렉사는 이러한 빅데이터를 이용해 고객이 온라인 쇼핑에 들이는 시간과 비용을 획기적으로 낮춤으로써 더 많은 상품을 구매하도록 유도한다.

실제로 연회비 119달러 또는 월회비 12.99달러를 받고 당일 무료 배송, 음악과 영화 등 다양한 서비스를 제공하는 아마존 프라임에 가입한 회원은 일반 회원에 비해 연간 600달러 이상을 더 소비한다고 한다. 아마존의 2017년 주주서한에 따르면 아마존 프라임 회원은 1억 명을 돌파했는데 실제 미국에서 프라임에 가입한 가구 비율이 아직 전체 가구수의 절반 수준이라고 하니 앞으로의 성장가능성도 충분하다.

한마디로 아마존의 비즈니스 모델은 빅데이터를 통해 고객의 경험을 바꾸고, 최저 가격으로 경쟁사를 따돌려 아마존만의 생태계를 확장하고 견고히 하는 것이다. 참고로 아마존의 서버 등 유휴장비를 효율적으로 활용하기 위해 시작한 비즈니스가 바로 AWS아마존 웹 서비스인데 현재 아마존의 가장 큰 수익 창출원으로 자리 잡았다. 또, 여름 매출 부진의 타개책으로 시작한 이벤트가 바로 아마존 프라임데이 행사인데 2018년의 경우 지난해 말에 진행한 블랙프라이데이의 매출을 넘어섰다.

아마존은 2018년 9월 28일에 AI 스피커 분야에서의 시장지배력을 강화하기 위해 6개의 아마존 에코 신제품을 출시했고, BMW와의 협력을 통해 2019년 중반부터 차량 내에서 알렉사를 활용할 수 있는 기능을 제공할 예정이다. (모든 BMW 차량에 알렉사가 탑재된다.)

아마존이 준비하는 미래

그렇다면 아마존이 앞으로의 5년을 생각하고 준비하고 있는 것은 무엇일까? 그들은 '고객이 필요로 하는 모든 것을 취급하는 회사'를 목표로 오프라인 소매시장으로의 확장, 헬스케어 시장으로의 진출을 꾀하고 있다. 작년과 올해 각각 인수한 홀푸드마켓Whole foods Market과 필팩Pillpack을 통해 우리는 아마존이 준비하고 있는 미래의 모습을 그려볼 수 있다.

당신에게 부를 안겨줄 진짜 게임체인저는 누구인가?

첫째, '오프라인 시장으로의 확장'부터 보자. 2017년 8월 아마존은 홀푸드마켓을 인수했다. 홀푸드마켓은 미국 내 식료품 매출 10위의 기업으로, 고품질의 유기농 식품을 일반 식료품 매장에 비해 15% 높은 가격으로 판매해왔다. 미국 전역에 440개의 오프라인 매장을 보유한 홀푸드마켓을 인수한 후 아마존이 가장 먼저 진행한 것은 파격적인 가격 인하였다. 2017년 8월 28일부터 홀푸드마켓은 43% 이상의 가격 할인을 시작했다. 그러자 높은 가격대로 인해 좀처럼 늘지 않았던 신규 고객의 수가 할인 기간 동안에만 무려 17% 증가했다.

나아가 아마존은 기존의 온라인 식료품 서비스인 아마존 프레시 Amazon Fresh에서 홀푸드마켓의 식료품을 구매할 수 있도록 함으로써 홀푸드마켓의 기존 고객과 신규 고객 모두를 아마존의 생태계에 빠져들게 했다. 또한 아마존 프라임 고객들에게는 홀푸드마켓의 식료품에 대한 추가 가격 할인과 무료배달 서비스를 제공함으로써 홀푸드마켓이 제공하는 양질의 식료품을 경험할 수 있도록 했다.

아마존의 홀푸드마켓 인수 노림수는 하나 더 있다. 바로 미국 전역을 커버하는 물류센터를 확보하려는 것이다. 그리고 물류센터를 바탕으로 무인점포인 아마존 고의 확대까지 준비하고 있다. 결국 홀푸드마켓 인수는 아마존의 약점을 단번에 해결하고, 월마트 Walmart와 진검 승부를 벌일 기회를 제공하고 있는 것이다.

⠿ 아마존의 비즈니스 모델 ⠿

둘째, '헬스케어 시장으로의 진출'에 관해 살펴보자. 아마존의 헬스케어 시장 진출은 2017년부터 본격적으로 드러나기 시작했는데 가장 두드러진 분야는 의약품 및 의료기기 유통시장이다. 실제 아마존은 이미 2000년에 일반의약품 온라인 상점인 드러그스토어닷컴Drugstore.com을 통해 의약품 시장에 진출했고, 2017년 10월에는 미국 내 12개 주에서 약국 면허를 취득했다.

그리고 의료서비스·보험 분야에서는 2018년 1월에 버크셔 해서웨이, 제이피모건 체이스와 함께 이윤을 추구하지 않는 헬스케어 회사를 설립하기로 하고, 최근 미국의 의사 겸 작가인 아툴 가완디Atul Gawande를 CEO로 임명했다. 이어서 컴캐스트Comcast의 디지털 헬스 부문 책임자였던 잭 스토다드Jack Stoddard를 COO최고운영책임자로 임명했다. 또한 2018년 6월에는 처방전에 따라 약을 포장해 미 전역에 배송하는 서비스를 제공하는 필팩을 인수했는데 이 회사는 2013년에 설

189

당신에게 부를 안겨줄 진짜 게임체인저는 누구인가?

립되어 2017년에 1억 달러의 매출을 올렸으며 미국 49개 주에서 약품을 배송할 수 있는 면허를 보유 중이다.

반면에 의료 IT나 의료기기 분야에 대한 아마존의 준비는 알려진 바가 많지 않다. 2017년 여름 CNBC의 보도에 따르면, 아마존은 각종 의료기기와 애플리케이션 등 하드웨어와 소프트웨어를 본격적으로 연구하는 비밀 실험 조직인 '1492'를 만들었다. '1492'는 콜럼버스가 미 대륙을 발견한 연도에서 따온 명칭으로, 아마존은 '1492'를 통해 궁극적으로 아마존 알렉사를 기반으로 한 의료정보 시스템과 원격진료 플랫폼을 개발하는 것으로 추정된다. 이를 위해 다수의 의료 전문가를 영입하고 대형 병원 및 제약업체들과 계약을 확대하고 있으며 유전자 정보 스타트업인 그레일Grail에도 투자했다.

아마존의 헬스케어 시장에 대한 전방위적인 준비상황도 머지않아 수면 위로 드러날 것으로 보인다.

자율주행과 헬스케어 부문에 사활을 건 알파벳

알파벳Alphabet은 세계 최대의 인터넷 검색 서비스 회사인 구글의 모회사이다. 1998년에 설립하여 2001년에 애드센스, 구글 뉴스 등의 서비스를 론칭했고, 2006년에 유튜브를 인수했다. 2012년 모바일 OS 안드로이드를 출시하여 모바일 플랫폼의 시장지배력을 확보했고,

구글이 제공하는 다양한 서비스들 / 출처 : 구글 플레이 스토어

2014년 인공지능 기업 딥마인드를 인수, '알파고'를 론칭하여 AI 시대의 서막을 열었다. 2015년에 지주사 체제로 전환한 후 AI와 VR 등 미래 성장을 위한 다양한 핵심기술에 대규모 투자를 진행하고 있으며 2017년 하반기에는 이들 신사업 부문을 총괄하는 새로운 지주사를 설립하며 미래를 준비하기 위한 조직 재편을 마무리했다.

알파벳은 2017년에 1,109억 달러의 매출을 기록했는데 연평균 20% 이상의 증가세를 유지하고 있다. 매출의 99%는 구글 사업 부문이, 나머지 1%는 신사업 부문이 차지했다.

알파벳의 오늘이 있기까지 가장 크게 기여한 것은 구글의 광고 사업이다. 현재도 구글 사업 부문 매출의 99%는 광고에서 발생하고, 유튜브, 지도, 안드로이드, 클라우드 컴퓨팅 등에서 나머지 1%의 매출

당신에게 부를 안겨줄 진짜 게임체인저는 누구인가?

이 발생한다. 수익 역시 대부분 광고로부터 얻어진다.

인터넷 광고의 성장에 있어 핵심 역량은 기본적으로 데이터의 수집과 분석이다. 그다음으로 중요한 경쟁력은 빅데이터를 통해 이용자와 광고주들에게 보다 나은 효용을 제공할 수 있도록 지원하는 기술, 즉 AI이다. 구글이 무료로 제공하고 있는 검색엔진과 안드로이드 등의 플랫폼은 바로 빅데이터의 수집과 AI 고도화를 위한 최고의 무기라 하겠다.

빅데이터 수집과 함께 AI의 고도화 등 차세대 성장동력을 육성하기 위해 구글은 막대한 비용을 클라우드 컴퓨팅에 투자하고 있으며 이와 함께 아마존 알렉사에 대항하여 구글 어시스턴트의 생태계 확장을 위해 노력 중이다. CES 2018에서 알파벳은 구글 어시스턴트를 전방위적으로 키워내려는 모습을 보여주었다. 더불어 2018년 1분기 실적발표에서 구글의 CEO인 선다 피차이Sundar Pichai는 구글 어시스턴트의 생태계 확장을 강조하며, 향후 200개 이상의 하드웨어 제조업체와 협력을 통해 1,500개 이상의 기기들에 구글 어시스턴트를 탑재할 예정이라고 밝혔다.

2018년 5월 구글의 연례 개발자 회의인 '구글 I/O 2018'에서 구글은 자사의 모든 역량의 중심을 AI로 전환할 것임을 선언했다. 단순히 제품과 서비스 단위에 AI를 적용하는 수준을 뛰어넘어 넘어 구글 내 모든 연구개발의 중심을 AI에 두려하는 것이다. 이에 따라 사내 핵심 연구 조직인 '구글 리서치Google Research'를 '구글 AIGoogle AI'로 개편하고, 구글 내 주요 핵심 기술 개발을 담당해온 제프 딘Jeff Dean을 조직장으로 임명했다. 그리고 혁신적으로 진화된 대화형 AI 기술인 듀플렉스Duplex를 공개하며 기존 대화형 AI 분야의 일대 변혁을 예고했다.

알파벳이 준비하는 미래

구글 사업부문과 별도로 알파벳은 2017년 9월에 AI를 바탕으로 한 자율주행차, 헬스케어 등 이른바 신사업 부문의 계열사들을 총괄하는 지주사인 XXVI 홀딩스XXVI Holdings Inc를 설립했다. 지주사 설립의 목적은 이들 신사업을 본격적으로 추진하면서 구글 사업부문과 XXVI 홀딩스 간 경영 및 재무 관계를 분리하여 각 기업의 독자적인 성장모델을 확립하기 위한 것으로 보인다. 참고로 XXVI는 로마자 26으로, A부터 Z까지 알파벳 글자 수인 26을 뜻한다고 한다.

XXVI 홀딩스가 추진하는 대표적인 차세대 신사업은 AI 부문딥마인드, 자율주행 부문웨이모, 헬스케어 부문베릴리, 칼리코, IoT 및 홈 애플리케이션 부문네스트, 인터넷 및 케이블 부문액세스앤에너지, 모빌리티 부문프로젝트 윙, 프로젝트 룬, 혁신기술 연구 부문구글X 등이다. 이 중에서 가시적 성과를 보이기 시작한 IoT 및 홈 애플리케이션 부문과 모빌리티 부문은 2018년

፨ XXVI 홀딩스의 주요 자회사와 사업내용 ፨

주요 자회사	사업내용
웨이모Waymo	자율주행차 솔루션 개발
네스트Nest	IoT 기반 스마트홈 디바이스 개발
베릴리Verily	질병 예방 및 관리를 위한 웨어러블 디바이스 개발
칼리코Calico	노화방지 신약 개발
구글벤처스 Google Ventures	글로벌 벤처투자
구글 캐피탈 Google Capital	글로벌 벤처투자
사이드웍스랩 SideWorks Labs	스마트시티 솔루션 개발
프로젝트X Project X	분야를 막론한 혁신기술 연구

자료 : 한국투자증권, 글로벌시장 분석 Alphabet

상반기에 구글 하드웨어 부문으로 편입되었거나 알파벳 자회사로 독립했다.

그렇다면 알파벳의 5년 후, 10년 후 미래를 책임질 사업은 무엇일까? 바로 자율주행 부문과 헬스케어 부문, 2가지로 압축된다.

자율주행 부문부터 살펴보자. 알파벳의 자율주행 부문은 알려진 바와 같이 세계 최고 수준의 기술을 확보하고 있다. 자동차의 기본은 주행이다. 2018년 7월 현재 웨이모의 공공도로 누적 주행거리는 800

만 마일12,874,752km을 돌파했는데 6월까지는 700만 마일11,265,408km, 2017년 11월에는 400만 마일6,437,376km이었다. 단연 세계 최장의 테스트를 진행하면서 구글은 그저 단순한 장애물 인식이 아닌 상황을 인식하고 사고를 방지하기 위한 의사결정을 스스로 실행하는, 가장 안전한 자율주행 기술을 확보하기 위해 노력 중이다.

구글은 수많은 자동차기업과 제휴를 통해 자율주행 기술을 고도화하고 있으며, 최근 들어서는 소매업체들과의 제휴도 활발히 진행 중이다. 특히 2018년 7월부터는 미국 애리조나 주 피닉스에서 월마트와 함께 고객을 매장으로 데려다주는 '픽업 서비스'를 선보였고, 오토네이션AutoNation, 에이비스Avis, 디디알DDR, 엘리먼트 호텔Element Hotel in Chandler 등과 함께 자동차 정비와 렌탈, 쇼핑, 단거리 이동 등의 서비스에 자율주행차를 활용하기 시작했다.

그렇다면 헬스케어 부문에서는 어떤 시도를 하고 있을까? 전통적인 헬스케어 산업은 크게 의약품 부문, 의료기기 부문, 의료서비스·보험 부문의 3개 축으로 구성된다. 최근에는 IT와의 융합을 통해 데이터에 기반한 의료 IT 부문이 폭발적인 성장을 거듭하면서 헬스케어 산업의 4번째 축으로 자리 잡았다.

알파벳은 베릴리, 칼리코, 딥마인드 등의 자회사를 통해 헬스케어 산업의 4개 전 분야에서 미래의 본 경기를 준비하고 있다. 특히 베릴

당신에게 부를 안겨줄 진짜 게임체인저는 누구인가?

리는 헬스케어 데이터 분석, 칼리코는 노화 예방 연구, 딥마인드는 AI를 활용한 진단 등에 집중하고 있다. 그리고 헬스케어 산업의 전통적인 기업들과 다양한 파트너십을 체결하고, 구글 벤처스Google Ventures와 같은 투자 전문 자회사를 통해 유망한 헬스케어 스타트업에 대한 투자를 병행하고 있다.

헬스케어 산업의 4개 분야 중 첫째, 의약품 부문에서는 칼리코가 미국의 대표적인 제약사인 애브비Abbvie와 함께 신경퇴행성 질환과 암에 관한 연구를 진행 중이다.

둘째, 의료기기 부문에서는 베릴리가 다양한 사업을 추진 중이다. 2014년부터 안과질환 전문업체인 알콘Alcon과 혈당을 측정할 수 있는 스마트 콘택트렌즈를 개발하고 있고, 이듬해부터는 당뇨병 관리기기 전문업체인 덱스콤DexCom과 연속혈당 측정기를 개발하고 있다. 또한 미국의 대표적인 제약사인 존슨앤존슨Johnson&Johnson의 자회사와 수술용 로봇 개발을 위해 버브서지컬Verb Surgical이라는 조인트 벤처JV(Joint venture)를 설립했고, 2016년에는 영국의 세계적

당뇨병과 녹내장 등 질환을 진단하는 스마트 콘택트렌즈 / 출처 : 베릴리 홈페이지

4차 산업혁명, 무엇을 알고 어디에 투자할 것인가

인 제약사인 글락소스미스클라인^{GSK}와 생체신호 전달용 의료센서 개발을 위해 역시 조인트 벤처인 갈바니 바이오일렉트로닉스$^{Galvani\ Bioelectronics}$를 설립했다.

셋째, 의료서비스·보험 부문에서는 2018년 들어 베릴리가 공중위생 건강관리$^{PHM(Population\ Health\ Management)}$에 관한 부서를 신설하고, 사이드워크랩$^{Sidewalk\ Labs}$에서 분사한 시티블럭헬스$^{Cityblock\ Health}$와 함께 미국 저소득층의 의료서비스 지원을 본격화하는 등 적극적으로 사업을 추진하고 있다.

마지막 의료 IT 부문은 헬스케어 사업 중 알파벳의 움직임이 가장 두드러지는 영역으로 구글이 보유한 IT 역량이 총동원되고 있다. 우선 알파벳은 구글 AI와 딥마인드 헬스$^{Deepmind\ Health}$를 통해 질환의 진단과 예측 프로그램을 개발하고 있는데 실제로 2016년 논문에서 이들의 당뇨병성 망막질환 진단 능력이 안과 전문의 수준에 준하는 것으로 나타났고, 이후 유방암 등 암 진단에서도 의미 있는 결과를 발표해 많은 주목을 받았다. 2017년 7월에는 향후 4년간 지원자 1만 명의 건강 데이터를 추적·관찰하여 이를 토대로 건강한 상태에서의 질병이 발생하는 원인에 대해 연구하는 베이스라인$^{Project\ Baseline}$ 프로젝트를 시작했다. 이를 위해 프로그램 참가자들은 알파벳이 제공한 스마트 시계를 착용하고 생활하면서 심박수, 체온, 걸음걸이와 같은 지

당신에게 부를 안겨줄 진짜 게임체인저는 누구인가?

표들을 측정해 구글 클라우드에 보낸다. 그리고 의료진 및 연구진들이 활용할 수 있는 헬스케어 데이터 플랫폼을 제공하기 위해 2018년 2월에 클라우드 헬스케어 API^{Application Programming Interface} 서비스를 출시했고, 다양한 업체들과 제휴를 통해 서비스 품질을 향상시키고 있다.

◇ 동시다발적 10년 플랜을 진행 중인 페이스북

페이스북은 세계 최대의 소셜 네트워크 서비스 기업이다. 2004년 하버드 학생들의 의사소통 수단으로 시작해 마크 저커버그, 에드와도 새버린 등이 설립했다. 2007년 셰릴 샌드버그를 영입하며 초고속 성장의 발판을 마련했다. 2011년 페이스북 메신저를 출시했고, 2012년에 나스닥에 상장했으며, 2012년 업계 최초로 이용자 10억 명을 돌파했다. 현재 VR·AI 등 다양한 영역에 대한 투자를 진행하고 있으며, 가입자 수는 20억 명을 넘어섰다.

페이스북은 2017년에 407억 달러의 매출을 기록했는데 이는 전년 대비 47% 증가한 것이다. 2018년 상반기에 불거진 5천만 명분의 개인정보 유출 사태로 당분간 어려움이 예상되지만 페이스북의 매출과 수익은 여전히 증가할 것으로 보인다.

페이스북의 비즈니스 모델은 알파벳의 구글과 같이 페이스북이 보유하고 있는 여러 개의 플랫폼에 광고를 게재하고 광고비를 받는 방식과 플랫폼에서 이루어지는 결제 서비스로부터 수수료를 받는 방식 등 2가지이다. 이러한 광고 수익과 수수료 수익은 페이스북의 플랫폼 이용자가 일으키는 온라인과 모바일의 트래픽을 바탕으로 발생하는 것이다. 때문에 페이스북은 플랫폼으로 더 많은 이용자를 유인하고, 플랫폼에서 더 오래 머물며, 플랫폼에 더 많은 데이터를 남기게끔 노력한다.

2017년 기준으로 페이스북의 월간 서비스 이용자MAU(Monthly Active User)는 21.3억 명으로 글로벌 MAU의 16%를 차지하는데 페이스북이 보유하고 있는 인스타그램과 왓츠앱 등까지 포함하면 글로벌 MAU 점유율은 42%에 이른다. 이러한 대규모 트래픽을 바탕으로 페이스북은 글로벌 인터넷 광고 시장에서 막강한 영향력을 행사하고 있다. 2017년 현재 글로벌 인터넷 광고 플랫폼 사업자 중에서 페이스북의 점유율은 16%로, 33%를 나타낸 구글과 함께 전 세계 시장의 절반을 차지한다.

그렇다면 페이스북의 이용자는 계속 늘어날 수 있을까? 이미 북미와 유럽에서는 페이스북의 이용자 증가율이 감소세에 접어들었다는 분석과 함께 체류시간도 줄어들고 있는 것으로 나타났다. 더욱이 10~20대 이용자를 확보하기 위한 경쟁에서 스냅챗Snapchat에 열세를

당신에게 부를 안겨줄 진짜 게임체인저는 누구인가?

보이고 있는 중에 개인정보 유출 사태까지 일어났으니, 해당 지역에서의 이용자 감소는 그 속도가 더욱 빨라질 것이다.

반면에 아시아와 기타 지역에서 페이스북의 이용자 증가로 인해 페이스북 전체 이용자 증가세는 당분간 이어질 것으로 예상된다. 2012년 10억 달러에 인수한 인스타그램이 전 세계 10대들의 열광적인 호응을 얻으며 이용자 수가 급격히 늘어나고 있고, 페이스북 메신저와 왓츠앱도 꾸준히 이용자가 증가하고 있는 상황이다. 실제로 정보통신정책연구원에서 발간한 〈SNS 이용 추이 및 이용행태 분석〉 보고서에 따르면 2016년에 이어 2017년에도 페이스북이 국내에서 가장 많이 사용한 소셜미디어인 것으로 나타났고, 인스타그램은 20대와 여성 이용자들이 현저하게 증가하고 있는 것으로 드러났다.

정리하자면, 페이스북의 하향세를 인스타그램과 페이스북 메신저, 왓츠앱 등이 상쇄하고 전체적인 성장세를 이어가고 있는 것으로 볼 수 있다. 이에 따라 페이스북의 매출 역시 당분간은 계속 증가할 것이 확실하다.

더불어 페이스북은 마켓 플레이스 기능을 강화하고 있다. 2017년을 기준으로 30개 국가에 마켓 플레이스를 오픈했으며 현재 매월 7억 명이 넘는 이용자가 이 마켓 플레이스에서 물품을 사고팔고 있으며 이는 페이스북의 새로운 수익 창출원으로 성장하고 있다.

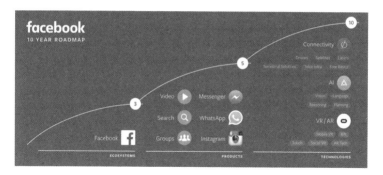

페이스북 10년 로드맵 / 출처 : 페이스북 홈페이지

그런데 뭔가 허전하지 않은가? 아마존과 알파벳에 비해서 말이다. 미래를 위해서는 무언가 더 큰 준비가 필요하지 않을까?

페이스북은 지난 2007년부터 매년 5월에 연례 개발자 행사인 'F8' 콘퍼런스를 개최하여 페이스북의 전략 방향 등을 공유하고 있는데 지난 2016년 F8 2016에서 발표한 '페이스북 10년 로드맵'을 통해 페이스북이 준비하는 미래를 살펴볼 수 있다. 저커버그가 직접 발표한 로드맵을 보면 2016년을 기준으로 향후 3년, 5년 10년에 걸친 페이스북의 계획이 잘 드러나 있다. 그런데 이 로드맵은 연결성Connectivity을 바탕으로 하여 (단계적인 접근이 아니라) 앞으로 10년간 준비할 기술을 동시다발적으로 진행한다는 뜻을 내포하고 있다. 최초 3년간 페이스북의 생태계를 구현하고, 5년 동안 비디오·검색·메신저·왓츠앱·인스타그램 등 페이스북의 제품을 강화하며, 10년간 AI와 VR 그리고 AR

당신에게 부를 안겨줄 진짜 게임체인저는 누구인가?

을 실현한다는 계획이다.

페이스북이 준비하는 미래

먼저 페이스북은 미래의 기회를 선점하기 위해 AI 기술에 적극적으로 투자하고 있다. 앞서 알파벳 사례에서 언급한 바와 같이 페이스북이 보유한 플랫폼의 트래픽 확보와 광고 효율의 향상을 위해서는 AI가 꼭 필요한 기술이기 때문이다. AI를 활용하면 이용자 각각의 니즈를 파악해 구매 가능성이 높은 제품과 서비스의 광고를 정교하게 노출시킬 수 있다. 계속 강조하는 것이지만, AI의 고도화는 빅데이터를 기반으로 한다.

페이스북은 AI 기술의 확보를 위해 북미와 유럽에 4개의 데이터센터를 운영하고 있고, 멕시코, 덴마크 등에 추가적인 설비 투자를 계획하고 있다. 더불어 2012년 얼굴인식 소프트웨어 기업인 페이스닷컴Face.com과 2015년 음성인식 API 개발업체인 위트에이아이Wit.ai를 인수하는 등 이미지인식과 음성인식 관련 기술 확보에도 많은 공을 들이고 있다.

AI와 함께 페이스북은 동영상, 특히 VR과 AR 등 3D 영상에 기반한 디바이스와 플랫폼을 미래 본 경기의 주전 선수로 육성하고 있다. 그 시작은 2014년 오큘러스 인수였다. 오큘러스Oculus는 VR 디바이스

단독형 VR 헤드셋 '오큘러스 고' / 출처 : 오큘러스 홈페이지

전문업체인데 저커버그는 VR을 문자, 동영상 이후의 차세대 미디어로 보고, 23억 달러를 들여 오큘러스를 인수했다. 실제로 저커버그는 페이스북의 2015년도 2분기 실적 콘퍼런스에서 가상현실이 사람들의 생각을 공유하는 플랫폼이 될 것이라 말하며, 오큘러스를 VR 사업의 핵심 플랫폼으로 육성할 의지를 드러냈다.

F8 2018에서 저커버그는 VR 대중화를 선언하고, PC와 모바일 기기 없이 단독으로 VR 콘텐츠를 이용할 수 있는 단독형 VR 헤드셋인 오큘러스 고Oculus Go를 출시했다. 그리고 VR로 수천 명의 사람이 동시에 스포츠 중계와 콘서트 등을 즐기는 오큘러스 베뉴스Oculus Venues, 친구와 함께 VR을 통해 생방송 및 주문형 비디오를 시청하는 오큘러스 TV를 선보였다. 오큘러스만의 생태계를 조성해가고 있는

당신에게 부를 안겨줄 진짜 게임체인저는 누구인가?

것이다.

한편 F8 2017에서 저커버그는 AR을 향후 페이스북의 변화를 만들어갈 기술 중 하나로 선정하고, AR과 VR이 새로운 모바일 커뮤니케이션 방식이 될 것이라고 주장했다. 이어서 AR용 플랫폼으로 카메라 효과 플랫폼Camera Effects Platform을 공개했다. 카메라 효과 플랫폼은 페이스북 카메라와 페이스북 프로필 사진에 쓰이는 프레임을 직접 디자인할 수 있는 '프레임 스튜디오Frames Studio'와 AR 기술을 기반으로 움직임, 주변 환경, 실시간 방송 도중의 상호작용에 반응하는 마스크, 스크립트, 애니메이션 효과를 제공하는 'AR 스튜디오AR Studio'로 구성된다. 이러한 움직임은 페이스북이 VR과 AR을 아우르는 생태계를 구축하겠다는 의미로, 지금까지 집중적인 투자를 진행해온 VR에 AR을 추가하여 차세대 모바일 플랫폼 경쟁에서 주도권을 선점하려는 포석으로 판단된다.

카메라 효과 플랫폼을 활용한 페이스북의 첫 번째 움직임은 2018년 6월 페이스북이 자사 뉴스피드에서 특정 광고주를 대상으로 (시험적으로) 진행한 AR 광고였다. 패션 브랜드인 마이클코어스Michael Kors가 참여한 이 프로젝트에서 페이스북은 선글라스를 이용한 AR 광고를 통해 페이스북 이용자들이 모바일 뉴스피드 화면 상에서 선글라스를 사용해 보고 자신의 경험을 토대로 구매할 수 있게 했다. 이어서 페이스북은 세포라Sephora, 바비브라운Bobbi Brown 등의 기업과 함께 패션 액세서리, 화장품, 가구, 게임 상품의 AR 광고를 테스트할 계획이다.

페이스북이 선보인 AR을 활용한 쇼핑 / 출처 : 페이스북 홈페이지

2018년 초 개봉해 화제를 일으킨 영화 〈레디 플레이어 원Ready Player One〉으로 인해 VR과 AR에 대한 사람들의 관심은 그 어느 때보다 높다. 그렇지만 영화에서 그려진 것처럼 완벽한 VR은 여전히 먼 훗날의 이야기처럼 들린다. 그럼에도 불구하고 그 미래가 페이스북의 노력과 함께 한 걸음씩 가까워지고 있으니, 정말 기대되지 않는가?

디바이스 기반 톱2 : 애플, 삼성전자

애플과 삼성전자는 컴퓨터와 휴대폰 등 사람들의 일상생활에 편의를 제공하는 각종 전자제품을 개발·생산하는 디바이스 전문기업이다. 2000년대 후반에 스마트폰이라는 전혀 새로운 디바이스인 아이폰iPhone과 갤럭시S로 제4차 산업혁명 시대의 서막을 열었다.

205

이후 애플은 자체 운영체제인 iOS를 바탕으로 아이폰에 모든 기능을 집약하는 '원 디바이스One Device' 전략으로 앱스토어App Store 생태계를 구축했고, 삼성전자는 구글의 안드로이드 운영체제를 탑재하여 구글과 함께 전 세계 스마트폰 시장을 평정했다.

그런데 2010년대 초반 이후부터 본격화된 플랫폼 중심의 비즈니스 모델이 강력한 성장성을 보이면서 이들의 전략에도 조금씩 변화가 감지되고 있다. 애플은 기존 전략에 덧붙여 높은 가격의 디바이스 출시와 차별화된 생태계 구축으로 대응하고 있고, 삼성전자는 구글 안드로이드와 별개로 자체 AI 플랫폼을 개발하여 스마트폰뿐만 아니라 삼성전자가 판매하는 모든 전자기기를 연결하려는 전략을 취하기 시작한 것이다.

한때 혁신과 도전을 상징하던 애플과 삼성전자. 하지만 앞서 소개한 플랫폼 기반의 3개 기업에 비해 미래에 대한 준비가 상대적으로 부족한 것이 아닌가 하는 우려가 제기되고 있다. 그럼에도 애플은 열렬한 팬들이 세계 곳곳에 존재하며, 삼성전자는 세계 최고의 무기인 반도체를 가지고 있음을 간과할 수 없다. 과연 이들은 어떻게 미래를 준비하고 있을까?

⬡ 자신만의 생태계를 견고히 하는 애플

애플은 미국의 프리미엄 전자제품 및 소프트웨어 회사로, 1976년 스티브 워즈니악과 스티브 잡스 그리고 론 웨인이 함께 설립했다. 맥킨토시로 IBM과 함께 PC 시대를 열었고, 1980년에 나스닥에 상장했다. 1985년 해고된 스티브 잡스는 1998년 복귀한 후 아이맥, 아이팟, 아이패드 등을 내놓으며 애플을 '혁신의 아이콘'으로 바꿔 놓았다. 2011년 10월 스티브 잡스의 사망 후, 애플은 혁신보다는 효율을 강조하면서 매출과 이익 성장세를 지속하고 있다. 애플의 새로운 CEO가 된 팀 쿡Tim D. Cook은 애플을 '효율'과 '관리' 중심의 회사로 변신시켰다. 아이폰의 생산과 판매에 초점을 맞춰 화면 비율은 키우고 판매 가격은 올렸다. 매년 신제품이 나올 때마다 언론들은 이러한 행태를 비꼬거나 비판하고 있지만 애플의 매출과 영업이익은 매년 늘어나고 있다. 실제로 2018년 6월 미국 증시 최초로 시가총액 1조 달러를 달성했다.

2017년, 애플은 아이폰 출시 10주년을 기념해 출시한 아이폰X에 페이스 IDFace ID와 애니모지Anomoji를 탑재하며 다시 한번 혁신적인 모습을 보이는 듯 했다. 이 책을 시작할 때 사례로 소개한 바 있는 페이스 ID는 아이폰 전면에 탑재된 3D 센서를 이용해 사용자의 얼굴을 인식하여 잠금을 해제하는 기능이다. (아이폰 5S부터 사용되었던)

지문을 인식하여 잠금을 해제하는 터치 ID에 이어 새롭게 나온 잠금 해제 기능이다. 그리고 애니모지는 애니메이티드animated와 이모지emoji의 합성어로, 감정을 표현하며 움직이는 이모티콘이다. 이 기능은 페이스 ID를 활용해 사용자의 얼굴 표정과 목소리로 3차원 이모티콘을 만들어준다. 그러나 2018년 6월에 개최된 애플의 연례 개발자회의인 'WWDC 2018'에서는 OS 기능 개선을 비롯해 이렇다 할 새로운 것이 등장하지 않았다. 한편 2018년 9월에는 아이폰XS, XS 맥스, XR 등 3개 기종을 새로 출시했다.

애플은 2017 회계년도에 2,292억 달러의 매출을 기록했는데 이는 전년동기 대비 6% 증가한 것이다. 시장조사기관 카운터포인트Counterpoint에 따르면 2018년 2분기 글로벌 스마트폰 영업이익 중 애플은 전체의 62%를 차지했고, 400달러 이상의 프리미엄 제품에서는 43%를 시장점유율을 나타냈다.

참고로 '오마하의 현인'으로 불리는 워런 버핏은 지난 2016년 1분기부터 애플 주식을 매입하기 시작해 2018년 2분기 현재 2억 5천 2백만 주를 보유하고 있다. 앞으로도 애플이 확고한 시장점유율을 보일 것이리란 버핏의 판단을 엿볼 수 있다.

그렇다면 애플이 준비하는 미래는 어떤 모습일까? 애플 역시 빅데이터를 기반으로 한 AI와 AR·VR, 자율주행차 등에 투자를 집중하

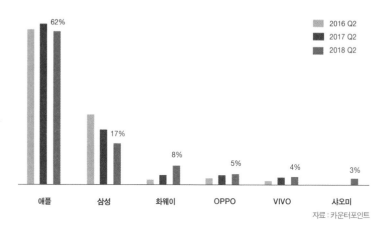

::: 글로벌 스마트폰 영업이익 비교 :::

2016 Q2
2017 Q2
2018 Q2

62%

17%

8%

5%

4%

3%

애플   삼성   화웨이   OPPO   VIVO   샤오미

자료 : 카운터포인트

고 있다. 하지만 최근 애플의 모습은 미래를 제대로 준비하고 있는지 의심스러울 정도로 새로운 무엇이 전혀 없다. 현재까지 드러난 애플의 미래 전략은 아이폰이 그래 왔던 것처럼 그들만의 생태계를 구축하고 더욱 견고히 하는 것으로 요약된다. 그리고 여전히 베일에 싸인 자율주행에 관한 연구는 상당한 수준에 이른 것으로 추정된다. 이에 관해 보다 자세히 알아보자.

애플이 준비하는 미래 ① 생태계

먼저 음성인식 분야부터 살펴보자. 2011년 애플의 음성인식 서비스 시리가 첫 출시되었을 때 세상은 깜짝 놀랐다. 세상에 이런 혁신적

당신에게 부를 안겨줄 진짜 게임체인저는 누구인가?

인 서비스는 애플만 가능하다는 생각이 들 정도로 말이다. 그런데 그때의 시리와 지금의 시리는 크게 달라진 점이 없다. 이후 출시된 아마존과 구글의 음성인식 서비스가 비약적인 성장을 이룬 반면에 시리는 그 모습 그대로인 듯하다. WWDC 2018에서도 새로운 혁신적인 기술을 소개하기보다 기존의 기능을 고도화하고 사용자 측면에서의 사용성을 강화하려는 모습과 방향성을 보였다. 예를 들어 퇴근길에 차에 타서 내비게이션과 음악을 틀고, 집안의 온도와 조명을 조절하고, 식구들에게 도착시간을 알리는 등 일련의 움직임을 "시리야, 집에 가자"와 같이 사용자가 미리 정의한 하나의 명령으로 한 번에 실행하게 한다.

다음으로 AR 분야는 어떨까. 파트 2에서 설명한 것처럼 AR은 여전히 일부 영역에서만 활성화되고 있는 상황이다. 이에 애플은 WWDC 2018에서 AR 콘텐츠 개발도구인 'AR Kit2'와 관련 앱인 '메저Measure'를 공개했고, 레고LEGO·어도비Adobe·오토데스크Autodesk 등 7개 기업과의 제휴를 통해 본격적으로 AR 콘텐츠를 제작하기 시작했다. 이러한 애플의 움직임은 AR 콘텐츠와 서비스 구현을 위해 보다 많은 개발자들이 참여하도록 하며, 더불어 AR 콘텐츠와 서비스를 소비하는 사용자층을 확대하기 위한 일련의 포석이다. 참고로 팀 쿡은 AR이 '거의 모든 것의 미래'가 될 것이고, 인간의 능력을 증폭할 아주 큰 잠재력을 갖고 있다고 언급했다. 최근 AR 단말용 렌즈 개발업체를 인수함으로써 AR 안경의 상용화에도 역량을 집중하는 것으로 짐작된다.

한편 애플은 애플워치Apple Watch에 탑재되는 워치watch OS의 새로운 버전인 워치 OS5를 발표하고, 다양한 영역별로 특화된 기능을 제공하려는 계획을 밝혔다WWDC 2018. 그중 두드러지는 분야가 바로 헬스케어 분야이다. 먼저 애플은 애플워치 사용자들의 생체정보 수집의 정확도와 정밀도를 향상하는데 집중하고 있는데 애플 내 피트니스 분야의 연구를 담당하는 '피트니스 랩Fitness Lab'을 통해 약 6테라바이트TB에 달하는 인간의 생체정보를 다양한 각도에서 분석함으로써 생체정보 수집 및 분석 기술을 고도화

하고 있다. 더불어 피트니스 관련 개발도구인 '짐킷GymKit'을 공개하고, 라이프피트니스Life Fitnes • 싸이벡스Cybex 등 운동기구 제조사와 협업해 애플워치의 활용 기반을 확대하고 있다.

또한 2017년 11월부터 스탠퍼드 대학교와 공동으로 애플워치를 기반으로 애플 심장 연구Apple Heart Study를 진행하고 있으며 초기 참가자를 대상으로 한 연구를 마무

애플 심장 연구는 애플워치의 심장 센서를 이용하여 데이터를 수집한다 / 출처 : 애플 홈페이지

당신에게 부를 안겨줄 진짜 게임체인저는 누구인가?

리 중인 것으로 알려졌다. 향후 심장질환 관련 모니터링을 중심으로 하는 헬스케어 서비스를 본격적으로 제공할 것으로 보인다.

애플이 준비하는 미래 ② i카 개발

2018년 7월에 미 연방수사국FBI은 애플의 자율주행차 기술 등 영업기밀을 빼내 중국 자동차 기업으로 이직하려던 전직 애플 직원을 체포하여 기소했다. 이 과정에서 애플 직원 135,000명 중 자율주행차 정보에 접근할 수 있는 직원이 5,000여 명, 그리고 그중 2,700여 명은 비밀 정보에 접근할 수 있다는 사실이 공개되었다. 알파벳의 웨이모 임직원이 약 1,000명 정도인 것과 비교할 때 엄청난 인력이 애플의 자율주행차 부문에 참여하고 있음을 알 수 있는 대목이다. 애플이 자율주행차를 개발하고 있다는 사실은 2017년 팀 쿡의 인터뷰를 통해 공식화되었지만 개발 인력의 구체적인 수치가 공개된 것은 이번이 처음이다.

애플은 2014년부터 '프로젝트 타이탄Project Titan'이라는 코드명으로 비밀리에 자율주행차를 개발해왔다. 소문으로만 돌던 애플의 자동차 사업 추진은 2016년 11월 애플이 미 도로교통안전국NHTSA에 자율주행차 규제 완화를 요구하는 서류를 제출하며 "머신러닝과 자율주행 연구에 집중적으로 투자하고 있다"고 밝히면서 알려지기 시작했다.

이후 팀 쿡은 블룸버그TV와의 인터뷰에서 "아이폰처럼 애플 로고가 새겨진 자동차가 아니라 자율주행 시스템에 집중하고 있다"라고 밝혔다.

흔히 'i카'라고 불리우는 애플의 자율주행차 기술은 다른 부문의 연구개발과 마찬가지로 구체적으로 알려진 바가 없다. 다만 최근의 특허 출원 이력을 통해 추정이 가능한데 일련의 특허 내용을 살펴보면 애플의 기술이 이미 상당한 수준에 도달했을 것으로 보인다. 실제로 지난 8월에는 '자율주행차가 차량 내 운전자뿐 아니라 다른 차량들과 교신을 통해 경로를 미리 알려주는 시스템'에 관한 특허를 출원했다고 한다. 이 기술은 애플 자율주행차 시스템이 운행 중 일정 지역 내의 다른 자율주행차에게 공통의 플랫폼을 통해 좌회전, 우회전 등 잠시 후의 운행 정보를 제공하면 이 정보를 수신한 차량이 그에 따라 속도나 방향 등을 조절하는 것이다.

자율주행 연구 초기에는 개별 차량을 중심으로 센서와 카메라를 부착하여 수집한 정보만으로 자율주행을 구현하려 했었다. 그러나 최근에는 개별 차량 외에 도로를 주행하는 다른 차량과의 정보 공유를 통한 자율주행 상용화가 추진되고 있다. 이러한 상황에서 애플이 이미 관련 기술을 확보하고 있는 것으로 추정할 수 있다.

전문가들은 오는 2023년에서 2025년에 i카 또는 애플의 자율주행 시스템이 공개될 것으로 전망하며, 이를 통해 큰 폭의 매출 상승 그리고 시가총액 2조 달러의 초대형 기업으로 성장할 수 있을 것으로 예상하고 있다. 하지만 예상은 예상일 뿐, 그 반대의 결과가 나올지도 모를 일이다.

◇ AI와 자동차에 대한 투자를 강화하는 삼성

삼성전자는 대한민국을 대표하는 세계적인 전자제품 회사이다. 지금으로부터 80년 전, 대구의 작은 상회에서 시작하여 20세기 중반 이후 고도성장기를 거치며 가파른 성장을 이루었다. 그리고 1988년 '제2 창업 선언', '신경영 선포' 등을 통해 그동안의 양적 성장에서 질적 성장으로 진화했다. "마누라와 자식 빼고 다 바꾸자"는 이건희 회장의 말은 지금의 삼성그룹이 있게 한 원동력이자 절실함이었다. 이후에 '삼성이 만들면 다르다'는 이야기가 나올 정도로 삼성은 품질에서 앞서가는 브랜드가 되었고, 이를 기반으로 삼성전자는 휴대폰과 반도체 그리고 가전에서 세계 최고 기업의 반열에 올랐다.

2010년대 접어들며 삼성전자는 스마트폰으로 다시 한번 도약했으나 현재는 반도체와 스마트폰 이후 새로운 성장의 기회를 찾아야 하는 기로에 서 있다. 자동차 전자장비^{이하 전장} 분야를 새로운 성장 모멘텀으로 보고 2016년 11월에 80억 달러를 투자해 미국의 오디오·자동차 부품 전문회사인 하만Harman을 인수했다. 하만은 커넥티드카용 인 포테인먼트Infotainment와 텔레매틱스Telematics 등 무선통신을 이용한 전 장 솔루션의 선두 기업으로 매출이 연간 70억 달러에 이른다.

현재 삼성전자는 전 세계 시장을 대상으로 가전, IT, 이동통신, 디 바이스 솔루션 사업을 영위하고 있으며 메모리 반도체 부문에서는 세계 1위를 차지하고 있다. 주요 사업부문은 CE 부문TV, 냉장고 등과 IM 부문컴퓨터, 휴대폰 등, DS 부문DRAM, 모바일AP, LCD, OLED 등으로 구성되며 매출 비중은 IM 47%, 반도체 34%, CE 16%, 디스플레이 12% 순이다.

삼성전자는 2017년에 239조 6천억 원의 매출을 달성하여 전년대 비 19% 증가했다. 영업이익은 전년대비 84% 증가한 53조 6천억 원, 순이익은 86% 증가한 42조 2천억 원을 기록했다.

2017년에는 연구개발R&D 비용으로 17조 원을 지출했는데, 이는 아 마존과 알파벳에 이어 세계 3위 규모였다. 참고로, 글로벌 회계·컨설 팅 기업인 언스트앤영EY이 발표한 〈세계 최대 R&D 지출 기업〉 보고 서에 따르면 1위인 아마존은 26조 원을 지출했고, 2위인 알파벳은 19 조 원을 지출했다.

이후 국내의 정치적 상황 등으로 미래 준비에 관한 추가적인 움직 임이 드러나지 않은 상황에서 삼성은 2018년 8월 제4차 산업혁명 선 도와 삶의 질 향상을 핵심 테마로 4대 미래 성장사업을 선정하고 25

당신에게 부를 안겨줄 진짜 게임체인저는 누구인가?

조 원을 투자하는 등 집중 육성할 계획을 밝혔다. 미래 성장사업으로 삼성이 선택한 분야는 바로 AI와 5G, 바이오 그리고 반도체 중심의 전장부품이다.

우선 AI를 반도체와 IT 산업의 미래를 좌우하는 핵심 기술이자 제4차 산업혁명의 기본 기술로 인식하고, 연구역량을 대폭 강화해 글로벌 최고 수준의 리더십을 확보하려 하고 있다. 이를 위해 한국 AI센터를 허브로 글로벌 연구 거점에 1천 명의 인재를 확보한다는 방침을 세웠다. 그리고 삼성전자는 세계 최초의 5G 상용화를 통해 칩셋과 단말기 그리고 장비 등 전 분야에 과감한 투자와 혁신을 주도하여 미국과 일본 등 글로벌 시장으로 도약할 계획이다. IFA 2018에서는 기조연설을 통해 AI와 IoT, 5G 등 분야에서 자사의 기술력과 리더십을 강조하며 AI 플랫폼인 빅스비와 IoT 플랫폼인 스마트씽스를 활용한 스마트홈 가전과 스마트 기기 신제품을 소개했다.

삼성전자가 준비하는 미래 ① AI에 집중

삼성전자는 2018년 9월 미국 뉴욕에 6번째 AI 연구센터를 신설했다. 2017년 11월 한국 AI 총괄센터 설립을 시작으로, 이듬해 1월 미국 실리콘밸리, 5월 영국 케임브리지·캐나다 토론토·러시아 모스크바 연구센터가 문을 연 데 이어 10개월만이었다. 뉴욕 AI 연구센터는 AI

로보틱스 분야의 세계적 권위자인 다니엘 리Daniel D. Lee 부사장을 센터장으로 영입했고, 뇌 신경공학 기반 AI 분야의 세계적 석학 세바스찬 승H. Sebastian Seung 부사장을 최고연구과학자Chief Research Scientist로 영입하여 로보틱스 분야 연구를 주도해 나갈 예정이다.

삼성전자는 2020년까지 모든 IoT 기기를 AI로 연결한다는 목표 아래 5가지 AI 추진 방향을 설정하고, 각 센터별로 상이한 연구를 수행할 것으로 알려졌다. 앞서 소개한 것처럼 뉴욕 AI 연구센터는 로보틱스 분야를 담당하고, 실리콘밸리 센터는 AI 상호작용Interaction, 토론토 센터는 시각 이해, 모스크바 센터는 머신러닝 플랫폼과 코어 알고리즘 분야를 담당한다.

케임브리지 AI 연구센터는 인간을 총제적으로 이해할 수 있는 인간 중심Human Centric AI를 개발하기 위해 얼굴과 음성, 몸동작, 감정 등을 실시간으로 통합해 이해하는 기술인 휴먼 라이크 커뮤니케이션Human-like Communication을 연구 중이다. 휴먼 라이크 커뮤니케이션은 사람 음성과 얼굴 표정, 고개 움직임 등 다양한 표현에 있어 인종과 나라별 문화적 차이, 연령과 성별 차이도 정확하게 인식, 분석하는 기술이다. 또한 적은 데이터 기반으로 이해할 수 있는 머신러닝, 클라우드 없이 기기 자체에서도 AI가 구현되도록 하는 원 디바이스On-Device AI, 헬스케어 분야 등을 연구하고 있다.

내용
사용자에게 철저하게 개인화된 서비스를 제공 User Centric
지속적인 학습으로 성능 향상 Always Learning
다양한 디바이스를 통해 언제 어디서나 사용자를 지원 Always There
사용자의 개입을 최소화하면서 사용자를 지원 Always Helpful
사용자의 안전과 프라이버시를 보장 Always Safe

케임브리지 AI 연구센터의 세 리더 중 한 명인 마야 팬틱(Maja Pantic) 교수는 얼굴과 행동 분석을 통한 감정인식 AI의 대가로, 현재 AI 인식률이 떨어지는 고령자와 아이 연구에 집중하고 있다. 이러한 기술이 실제 적용되면 사용자 표정만으로 기기가 어떤 명령을 수행하길 원하는지 예측할 수 있을 것으로 기대된다.

삼성전자가 준비하는 미래 ② 자동차 관련 사업의 본격화

삼성전자는 자동차 제조를 제외한 자동차 관련 사업에 회사의 역량을 총동원하기 시작했다.

먼저 전장부품 사업의 경우 지난 2015년 말 전장사업팀을 신설하

고 전장부품 사업에 대한 의지를 드러내기 시작했다. 이어 2016년 11월 하만 인수에 나서 2017년 3월 인수를 마무리하며 전장부품 사업의 시작을 대내외에 공식화했다. 그리고 5월에는 2025년까지 커넥티드카와 자율주행 분야에서 업계 리더가 되겠다는 '커넥티드카 2025 비전'을 발표했다. 또한 CES 2018에서 '디지털 콕핏'을 선보였는데 이는 삼성전자의 IT와 하만의 전장 기술이 접목된 첫 결실이다. (파트 2에서 설명한 바 있다.) 하드웨어 측면에서는 앞 좌석 디스플레이를 OLED 2개와 QLED 1개로 구성하고 탑승자가 쉽고 간단하게 운행 중 정보를 확인할 수 있도록 했으며, 소프트웨어 측면에서는 AI 플랫폼인 빅스비와 IoT 플랫폼인 스마트씽스를 이용해 차량 내부와 집 안의 여러 기기들을 제어할 수 있도록 했다.

　자율주행 및 커넥티드카 부문은 2017년 9월 조성한 3억 달러 규모의 '오토모티브 혁신 펀드'를 활용, 자율주행 플랫폼과 첨단 운전자 지원 시스템 ADAS(Advanced Driver Assistance System)의 글로벌 리더인 티티테크 TTTech와 전략적 파트너십을 맺고 7,500만 유로를 투자했다. 그리고 하만은 자율주행 등을 전담할 SBU Strategic Business Unit 조직을 신설하고, 삼성전자 전략혁신센터 SSIC와 협력해 보다 안전하고 스마트한 커넥티드카 개발에 집중하고 있다. 더불어 자율주행 소프트웨어와 하드웨어를 시험하기 위해 2017년 5월과 8월에 각각 한국과 미국 캘리포니아에서 자율주행 면허를 확보했다. CES 2018에서는 디지털 콕핏과 함께 자율주행 솔루션인 '드라이브라인DRVLINE' 플랫폼을 공개했는데 이 플랫폼은 자동차 업체와 모빌리티 서비스 업체가 각각의 니즈에 따라 자율주행에 중요한 LIDAR, 레이더radar, 카메라 등의 센서와 부품, 소프트웨어를 선택해 적용할 수 있도록 모듈화한 것이 특징이다.

빠른 속도로 부상하고 있는
아시아의 4차산업 핵심 기업

글로벌 선도 기업에 이어 미래를 준비하고 있는 아시아 주요국의 상황은 어떠한지 알아보자. 아시아에서는 제4차 산업혁명에 대응하기 위해 국가 차원의 접근과 지원이 다각도로 이루어지고 있다.

가장 두드러지는 것은 중국이다. 중국은 창업 굴기, 반도체 굴기, AI 굴기 등 특정 분야에 대한 정부 차원의 전폭적 지원과 투자를 아끼지 않고 있다.

그 외 주요 아시아 국가들의 상황은 어떨까? 일본은 로보틱스 분야에서 세계 최고의 수준을 보유한 반면, IoT와 AI에 대한 준비는 다소 느려서 2015년 이후부터 투자와 지원을 적극적으로 늘리고 있다. 인도는 국가 차원에서 12억 명에 달하는 디지털 개인인증 시스템을 가동함으로써 제4차 산업혁명의 '원유'이자 '금광' 역할을 하고 있는 빅데이터 부문에 우선적으로 투자하고 있다. 싱가포르는 2025년 세계 최초의 스마트국가 완성 및 세계 최고의 스타트업 생태계 유지를 위해 노력하는 중이다.

그리고 대한민국은 (조금 늦은 감이 있지만) 현 정부 들어 '과학기술

221

발전이 선도하는 4차 산업혁명', '중소벤처가 주도하는 창업과 혁신성 장'이라는 2가지 국정전략을 중심으로 세부적인 국정과제와 실천과 제를 마련하여 명확한 추진체계를 바탕으로 지원과 투자를 진행하고 있다.

이렇듯 아시아 국가들이 정부 차원에서 많은 노력을 함에 따라 제 4차 산업혁명에 관한 투자처로 아시아 기업이 주목받고 있다. 원천 기술은 미국과 유럽 기업들이 대부분 보유하고 있지만, 실제로 소비 하는 단계에서 바라보면 아시아의 주요 기업들이 기술의 상용화를 주도하고 있다는 분석이다. 장기적으로는 글로벌 선도 기업에, 중단기 적으로는 아시아 핵심 기업에 투자해야 하는 이유다.

중국과 일본의 핵심 기업, 베스트 3

AI에 집중하며 AI 반도체 개발에 뛰어든 알리바바

알리바바Alibaba Group Holding Limited는 1999년에 설립되었다. 영어강사 였던 마윈馬雲이 17명의 친구와 함께 개설한 B2B 전자상거래 웹사이 트인 알리바바닷컴Alibaba.com으로 시작하여 2000년 소프트뱅크 손정 의 회장으로부터 2,000만 달러의 투자를 유치하면서 중국 전자상거래 시장에서 무서운 성장을 시작했다. 2004년 또 한 번 손정의 회장으로부터 6,000만 달러의 투자를 이끌어내며 위기를 극복했고, 세계적인 전자상거래 기업으로 성장하여 2014년에 미국 뉴욕증권거래소에 상장했다.

알리바바의 주요 사업부문은 전자상거래Core commerce, 클라우드 컴퓨팅, 디지털 미디어 및 엔터테인먼트, 혁신 사업과 기타 등 4개 영역이다. 대표적인 전자상거래 웹사이트로 C2C인 타오바오Taobao와 B2C인 티몰Tmall, 지불결제 서비스로 알리페이Alipay가 있다.

매출은 2017년 현재 377억 달러이며, 최근 5년간 연평균 45%의 증가세를 보였다. 알리바바의 보유 회원수는 5억 명, 1일 접속 회원수는 1억 2,000만 명에 이른다. 매출 비중은 전자상거래가 전체의 85%를 차지하고 있으며 디지털 미디어 및 엔터테인먼트가 8%, 클라우드 컴퓨팅이 6%를 기록하고 있다. 특히 최근의 실적은 클라우드 컴퓨팅 부문이 견인하는 모습인데, 2018년 2분기 실적발표에서 클라우드 컴퓨팅 부문의 매출은 전년동기 대비 93% 증가한 것으로 나타났다.

2019년은 알리바바가 창사한 지 20주년이 되는 해이다. 현재 알리바바에 있어 가장 큰 현안은 무엇보다도 마윈 회장의 은퇴가 아닐까? 마윈 회장은 2018년 8월 10일, 자신의 만 54세 생일을 맞이하며 인터넷을 통해 2019년 9월에 이사회 주석 자리를 장융Daniel 최고경영

당신에게 부를 안겨줄 진짜 게임체인저는 누구인가?

자에게 승계하고, 2020년까지 알리바바 이사회 구성원 신분을 유지할 것이라고 밝혔다. 마윈 회장의 갑작스러운 은퇴 선언은 중국 공산당 지도부와의 갈등에 따른 것이라는 해석이 유력하다. 따라서 이후 알리바바의 사업 전개에 있어서도 중국 당국의 입김이 강화될 가능성이 있다.

알리바바가 준비하는 미래

알리바바가 준비하는 미래는 한마디로 '빅데이터를 기반으로 한 AI'로 요약할 수 있다. 알리바바는 자사가 보유한 아시아 최대의 전자상거래 웹사이트를 통해 빅데이터를 수집하고 있다. 이를 저장하고 분석하기 위한 기반인 '알리바바 클라우드Alibaba Cloud'는 2009년에 출범해 이미 세계 4위를 차지하고 있으며, 이 클라우드 인프라를 기반으로 한 AI 플랫폼 ET 브레인ET Brain은 산업·스마트시티·의료·농업·항공·금융 등 각 산업에 특화된 애플리케이션을 제공한다. 더불어 AI 스피커인 알리지니AliGenie는 중국 가정에 하나둘 자리 잡기 시작했다.

그런 알리바바가 최근 AI 반도체 개발에 뛰어들었다. 2018년 9월 19일에 반도체 자회사인 핑터우거T頭哥 출범을 발표하는 자리에서 내년 하반기에 AI용 반도체 칩을 선보일 계획이라고 밝혔다. 이 칩은 향

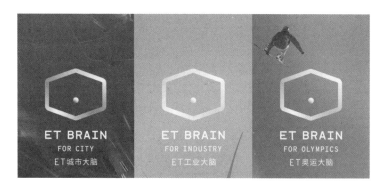

스마트시티, 산업, 의료, 환경 등 다양한 분야의 활용되는 ET 브레인 / 출처 : 알리바바 클라우드 홈페이지

후 알리바바의 데이터 센터와 자율주행차 등 클라우드 데이터에 활용될 전망이다.

알리바바가 기존 제품 대비 40배 향상된 신경망 칩을 개발 중이라는 루머는 그간 꾸준히 있어 왔다. 지난 2016년부터 베어풋 네트웍스 Barefoot Networks, 캠브리콘Cambricon, 나이넝Kneron 등 다수의 반도체 회사를 인수해왔기 때문이다. 결국 이러한 움직임은 제4차 산업혁명의 핵심제품을 직접 만들어 미래 기술을 선점하려는 알리바바의 전략적 선택이다. 또한 이는 중국의 반도체 굴기와도 깊이 관련된 것으로 보인다.

당신에게 부를 안겨줄 진짜 게임체인저는 누구인가?

◇ 자율주행 플랫폼 상용화에 시동을 거는 바이두

바이두^{Baidu}는 중국 최대의 검색 엔진으로, 온라인 백과사전, 음악 재생 등의 서비스를 제공하는 기업이다. 2000년 리옌훙李彦宏이 설립하여 2005년 나스닥에 상장했고, 최근 10년간 중국 내 시장점유율은 약 70%에 이른다. 탄탄한 자본을 바탕으로 자율주행차, AI, O2O^{Online to Offline} 서비스까지 다양한 분야로 사업을 확장하고 있는 중국의 대표 IT기업이다. 2013년에 포브스^{Forbes}가 선정하는 '글로벌 최고 혁신기업'에서 6위를 차지한 이래 꾸준히 순위에 오르고 있다.

바이두 역시 알리바바의 마윈 회장과 같이 창업자인 리옌훙을 빼고 이야기할 수 없다. 리옌훙은 미국 유학을 마치고 뉴욕과 실리콘밸리에서 기자와 엔지니어로 일한 뒤 1999년 중국으로 돌아와 동업자인 쉬융과 함께 120만 달러를 투자받아 바이두를 창업했다. 초기에는 중국의 포털 사이트에 검색엔진을 제공하다가 자체 검색엔진 사이트를 오픈하면서 급속도로 성장하기 시작했다.

그의 핵심역량 중 하나는 낭중지추囊中之錐로 상징되는 인재관이라고 한다. 그 스스로 "최고의 인재를 초빙해 최대의 활동 공간을 주고 최후의 결과만을 본다. 이를 통해 우수한 인재들이 송곳 끝이 주머니를 뚫고 나오듯 두각을 나타내게 만든다"라고 말했으니 말이다.

리옌훙과 함께 바이두에서 주목해야 할 사업부문은 바로 수익화

Smart Speaker Solutions

Applicable to : smart speakers

Smart Television Solutions

Applicable to : smart televisions, smart projectors, digital Media players and TV remote control devices.

Smart Refrigerator

Applicable to : smart refrigerator (Android system)

Smart Storytelling Devices

Applicable to : smart storytelling devices

Smart Small-Home

Applicable to : smart small-home appliances, refrigerator (Compact System), air conditioner, washing machine,

Household Robot

Applicable to : smart household robot

Lightweight Controlled

Applicable to : AC power plugs and sockets, door locks, sterilization cabinet, air purifier, water purifier, lamp, curtain,

Mobile Phone Solutions

Applicable to : phone voice assistant, APP built-in voice assistant and others.

두어OS가 탑재된 디바이스들 / 출처 : 바이두 홈페이지

초기단계에 진입한 AI 사업인데 대표적으로 두어OS와 아폴로 프로젝트가 있다. 두어OS는 바이두의 음성인식 AI 플랫폼으로, 200개 파트너 사와의 제휴를 통해 음성인식 스피커, 냉장고, 세탁기, 셋톱박스 등 110여 개 제품이 출시되어 판매되고 있다. 두어OS를 탑재한 기기는 최근 1억 대 판매를 돌파했으며, 2018년 들어 5천 대 이상의 판매고를 올리고 있다. 그리고 2018년 6월에 출시한 샤오두 스마트 스피커 역시 두 차례의 온라인 판매에서 90초만에 1만 대가 판매되는 등 가시적인 성과를 보였다.

바이두는 2017년에 107억 달러의 매출을 기록했으며 이는 전년대

당신에게 부를 안겨줄 진짜 게임체인저는 누구인가?

비 20% 증가한 것이다. 매출의 77%는 온라인 검색 광고가, 16%는 중국의 넷플릭스라고 불리우는 온라인 동영상 스트리밍 플랫폼 자회사인 아이치이가 차지하고 있다. 그리고 2018년 2분기 현재 광고 매출의 77%가 모바일로부터 발생하고 있어 PC에서 모바일 검색으로의 성공적인 전환이 이루어지고 있는 것으로 보인다.

바이두가 준비하는 미래

미래를 위한 준비를 통해 실제 수익을 실현하는 측면에서는 현재까지 바이두가 가장 앞서가고 있는 것으로 보인다. 하지만 바이두 역시 앞으로의 미래가 더욱 기대되는 기업이다. 바로 아폴로 프로젝트 때문이다.

아폴로 프로젝트는 자율주행 자동차 연구사업이다. 세계 110여 개 파트너사와의 제휴를 통해 자율주행 기술을 소프트웨어 플랫폼 형태로 파트너 사에 제공하고 파트너 사의 자율주행 데이터를 활용하여 지속적으로 기술 개발과 보완이 가능한 개방형 협력체계이다.

바이두는 2015년부터 자율주행차에 관한 연구개발에 많은 투자를 해왔다. 같은 해 12월에 베이징의 고속도로와 시내도로에서 자율주행 시험 운행을 했고, 2016년 9월에 미국 캘리포니아 주에서 자율주행 테스트를 위한 라이선스를 취득했다. 그리고 2017년 4월에 아폴로 프로젝트를 공식 발표하고, 7월에 아폴로^{Apollo} 1.0 버전을, 9월에 1.5 버전을 연이어 출시했다.

2018년 들어서는 1월 CES 2018에서 시내도로 내 자율주행을 지원하는 아폴로 2.0 버전을 출시했고, 4월에 2.5 버전을 발표했다. 또한 6월에 고도 자율주행 등급인 레벨4를 지원하는 아폴로 3.0 버전을 출시하고, 킹롱모터^{King Long Motor}와는 자율주행 레벨4 등급의 미니버스인 아폴롱^{Apolong}을, 네오릭스 테크놀로지^{Neolix Technology}와는 미니카고 차량을 양산하기 시작했다. 특히 아폴롱은 소프트뱅크와 계약을 통해 내년 초 도쿄 시내도로에서 시범운행을 실시할 예정이다.

4차 산업시대, 300년 기업을 꿈 꾸는 소프트뱅크그룹

소프트뱅크그룹^{Softbank Group}은 일본 최대의 IT회사이자 세계적인 투자회사로 재일교포 4세인 손정의^{마사요시}가 회장 겸 CEO를 맡고 있다. 일본 내 소프트웨어 유통, 일본 내 통신(소프트뱅크^{Softbank}, 업계 3위), 미국 내 통신(스프린트^{Sprint}, 업계 4위), 야후재팬^{Yahoo Japan}(업계 1위), 반도체 설계(ARM홀딩스, 세계 2위), 벤처투자(소프트뱅크 비전펀드^{Vision Fund}, 소프트뱅크 델타펀드^{Delta Fund}) 등 6개 사업부문을 영위하고 있다. 1981년에 설립하여 2015년에 회사명을 소프트뱅크그룹으로 변경했다.

당신에게 부를 안겨줄 진짜 게임체인저는 누구인가?

소프트뱅크그룹은 2017년에 9조 1,587억 엔의 매출을 기록했으며 이는 전년대비 2.9% 증가한 수치이다. 매출의 38%는 스프린트, 35%는 소프트뱅크, 15%는 유통, 10%는 야후재팬이 차지하고 있다.

소프트뱅크그룹은 소프트웨어 유통을 시작으로 인터넷과 광대역 통신망, 이동통신 등 당시 유망했던 플랫폼 사업을 중심으로 영역을 확대하면서 사업을 다각화해왔다. 그리고 이러한 움직임은 여전히 현재 진행 중이다. 2016년에는 세계적인 반도체설계 기업인 ARM홀딩스를, 2017년에는 알파벳으로부터 로보틱스 전문회사인 보스턴다이나믹스Boston Dynamics를 인수했다. 현재 소프트뱅크그룹은 전 세계에 걸쳐 800개에 달하는 자회사를 두고 있다. 또한 작년 5월에는 소프트뱅크그룹과 사우디아라비아 국부펀드, 애플, 퀄컴 등이 공동 출자하여 자산운용액이 10조 엔에 이르는 세계 최대 규모의 벤처투자 펀드인 비전펀드를 조성, 소프트뱅크그룹이 투자회사로 자리매김하는 기회를 마련했다.

이러한 소프트뱅크그룹의 끊임없는 성장은 손정의 회장의 철학인 '300년 기업', 즉 지속 성장하는 기업을 만들고자 함에 따른 것이다. 실제로 2018년 1분기 사업실적 발표에서 소프트뱅크 비전펀드의 운용 수익이 2,399억 엔을 기록하며 통신사업의 영업이익 2,217억 엔을 웃돌았다.

그렇다면 '300년 기업'으로 발돋움하기 위한 미래 기회로 손정의 회장이 주목하고 있는 분야는 무엇일까? 테크 5 그리고 반도체이다.

소프트뱅크그룹이 준비하는 미래

손정의 회장은 2016년 영국의 반도체회로 설계회사 ARM홀딩스를 시가총액보다 무려 43% 높은 가격인 240억 파운드에 인수했다. 이로써 소프트뱅크그룹은 세계 스마트폰용 반도체 회로 설계시장의 90%를 장악하며 제4차 산업혁명 시대를 이끄는 핵심 역량, 그중에서도 IoT 기술을 단숨에 확보했다. 이후 손정의 회장은 300년 기업이라는 청사진을 제시하면서, 반도체를 교두보로 하여 현시대를 주도하는 기술 기업들과 연대하겠다는 경영 전략을 밝혔다. 소프트뱅크그룹이 '기업'이 아닌 '미래'를 사들이고 있다는 평가가 나오는 근거다.

소프트뱅크그룹은 ARM홀딩스를 통해 다양한 사업을 펼치고 있는데, 그 일환으로 2018년 8월에는 미국의 빅데이터 관리 스타트업인 트레저데이터를 6억 달러에 인수했다. 트레저데이터는 빅데이터를 보다 쉽게 분석할 수 있도록 통합하고 가공하는 기술을 보유하고 있으며 미국과 일본을 중심으로 300여 개 기업과 거래하고 있다. 특히 AI 업계에서는 그 성장 속도가 가장 빠른 것으로 알려져 있다.

당신에게 부를 안겨줄 진짜 게임체인저는 누구인가?

소프트뱅크그룹은 ARM홀딩스의 트레저데이터 인수를 통해 자율주행차 기술 및 차량 공유 플랫폼에서의 시장지배력 강화를 목표로 하고 있다. 이미 미국의 우버, 중국의 디디추싱滴滴出行, 싱가포르의 그랩Grab, 인도의 올라Ola, 브라질의 99 등 차량 공유업체에 공격적인 투자를 해놓은 상태에서 ARM홀딩스를 통해 자율주행차용 반도체를 개발하고, 트레저데이터를 통해 다양한 교통 관련 데이터와 정보를 처리하고 가공함으로써 시너지를 창출하는 방식이다.

최근 손정의 회장은 그의 시간과 두뇌 중 97%를 AI에 바치고 있다고 한다. 그리고 2018년 1분기 실적발표 자리에서 AI를 제패하는 기업이 세계를 제패할 것이라고 말하며 AI 분야에 대한 투자를 가속화할 뜻을 피력했다. 그가 강조하는 AI의 중심에 바로 ARM홀딩스 그리고 비전펀드가 있다.

비전펀드는 AI와 IoT, 자율주행차 등 미래를 위한 기술기업 30개사에 펀드의 절반 정도를 투자했다. 미국 반도체회사인 엔비디아를 비롯해 인도 최대의 전자상거래 기업인 플립카트Flipkart, 글로벌 공유 오피스 업체인 위워크 등은 이미 소프트뱅크그룹에 큰 수익을 안겨주고 있다. 하지만 이러한 소프트뱅크그룹의 청사진에 커다란 장애물이 되고 있는 것 또한 비전펀드이다. 비전펀드 내 소프트뱅크그룹의 출자비중은 30%에 미치지 못한다. 비전펀드를 통해 이룬 미래의 기회가 내 것인 듯 내 것 아닌 내 것 같은 기대로 끝날 수도 있는 것이 사실이다. 더불어 지속적인 대형 M&A로 인해 16조 엔에 달하는 막대한 부채를 지게 된 것도 소프트뱅크그룹의 아킬레스건이다.

부의 기회를 열어줄
대한민국의 4차 산업주 럭키 7

AI 투자 유망주, 셀바스AI

셀바스AI는 1999년 설립된 필기인식 솔루션 제공업체로 2009년도에 코스닥 시장에 상장하였다. 필기지능, 영상지능, 음성지능 등 최고의 패턴인식 기술을 보유하고 있는 인공지능 관련 기업으로 성장하고 있다. 셀바스AI의 모든 인공지능 기술은 자체 개발한 예측 플랫폼 '셀비 프리딕션Selvy Prediction'을 기반으로 하고 있으며 스마트 디바이스뿐 아니라 메디컬, 헬스케어, 스마트카, 홈 IoT 등 다양한 산업분야에 적용되고 있다.

종속회사인 셀바스헬스케어지분 73.74% 보유는 의료기기 사업인 체성분분석기, 자동혈압계, 시각장애인을 위한 점자정보단말기, 독서확대기 등을 개발하는 사업을 영위하고 있다.

  ▽ 진짜 AI를 활용하는 기업

여기저기서 AI가 대세라고 말하지만, 사실 인공지능과 관련해서 한국은 불모지이다. 인공지능을 활용하여 사업을 펼치는 기업은 겨울에 비가 내리는 것처럼 드물다. 그렇지만 그런 드문 일을 하는 기업이 여기 있다. 바로 셀바스AI이다.

이 회사는 이미 20여 년간 인공지능 관련 투자를 하면서 많은 경험을 축적했다. 이제 그 결실을 맺을 시기가 왔다. 관련된 기술들을 하나씩 알아보자.

첫 번째 기술은 셀비 체크업Selvy Checkup이다. 셀비 체크업은 셀바스AI와 세브란스병원이 공동으로 개발한 질병예측 소프트웨어이다. 개개인의 각종 건강 데이터를 입력하면 6대 암을 비롯하여 당뇨, 치매 등 주요 질병 등이 발병할 수 있는 확률을 예측할 수 있다. 국민건강보험공단에서 제공된 200만 명에 대한 의료 빅데이터 학습을 통해 계속 진화하고 있으며 건강검진센터, 보험사 등이 주요 고객이다. 2017년 1월 서비스를 시작하였고 2017년 3월에는 세브란스병원에, 2017년 6월에는 국군의무사령부 등 군병원에도 진출하였다. 프랑스계 재보험사인 스코르 글로벌 라이프SCOR Global Life와 업무협약을 체결하면서 보험 시장에도 뛰어들고 있다.

셀바스AI 홈페이지에 접속하면 누구나 실제 자신의 건강검진 데이터를 이용해서 미래 질병을 예측해 볼 수 있다. checkup.selvy.ai로 접속해서 회원가입 후 자신의 건강검진 데이터를 입력하면 된다. 건강검진 데이터를 입력만 하면 향후 발병할 수 있는 질병을 예측해준

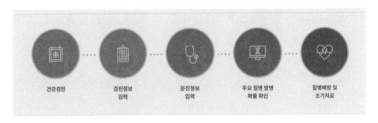

셀비 체크업의 질병진단 솔루션 / 출처 : 셀바스AI 홈페이지

다니! 정말 놀랍지 않은가? 엄청난 양의 빅데이터가 쌓여있고 수많은 학습이 지금의 놀라움을 가능케 한 것이다.

정부에서도 두 손 들고 환영할 기술이다. 앞으로 건강보험 재정은 더욱 어려워질 텐데 질병을 예측한다면 미리 대비할 수 있고 그만큼 의료비 지출도 줄어들 수 있으니까 말이다. 당연히 상도 받았다. CES 2018에서 혁신상을 당당히 수상하였다. 예측이 얼마나 더 정확해질지 기대된다.

두 번째 기술은 셀비 메디보이스Selvy Medivoice이다. 셀비 메디보이스는 인공지능 의료녹취 서비스로서 기존의 의무보조 기록사들이 의료 환경에서 발생하는 녹취 기록들을 EMR전자의무기록로 전산화했던 것을 음성인식 소프트웨어를 통해 실시간 녹취하여 기록하는 시스템이다. 인공지능 학습 기반의 음성인식 엔진을 탑재하여 진료분야별 의학용어를 특화해서 인식하며, 의료용 영어가 많이 사용되는 환경을

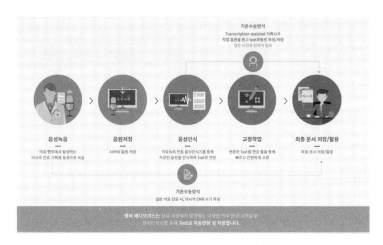

셀비 메디보이스 / 출처 : 셀바스AI 홈페이지

감안하여 한국어로 발음되는 의료용 영어를 정확도 90% 수준의 영문으로 변환해준다. 현재 대구 파티마 병원에 공급 중이다.

2014년 신해철 씨의 안타까운 죽음은 의료 분쟁과 소송으로 이어졌다. 이 같은 의료 분쟁은 언제든지 누구에게나 발생할 수 있는 일이다. 이를 명확하게 밝히고 해결하기 위해서는 녹취 같은 기록이 반드시 필요하다. 셀비 메디보이스는 실시간으로 녹취하고 자동으로 기록해주기 때문에 효율성과 정확성이 매우 뛰어나 향후 다수의 병원에서 채택될 가능성이 매우 높다.

미국에서는 의료 녹취 시스템 사용이 이미 의무화되어 있다. 미국 뉘앙스Nuance 사가 개발한 '드래곤 메디컬 360Dragon Medical 360'이 대표

당신에게 부를 안겨줄 진짜 게임체인저는 누구인가?

적으로 글로벌 1만 개 이상의 의료기관에서 50만 명의 의사가 활용 중이다. 뉘앙스의 2017년 의료녹취 서비스 매출을 포함한 헬스케어 부문 매출액은 9억 달러에 달했으며 영업이익률은 30% 수준을 기록했다. 2018년에도 두 자릿수 성장이 기대되고 있다. 셀바스AI도 미국 뉘앙스 사처럼 높은 기술력을 보유한 만큼 고속 성장을 기대해볼 만하다.

세 번째 기술은 셀비STT/TTS이다. 요즘 TV를 켜면 음성인식 셋톱박스 광고가 굉장히 많이 나온다. '기가지니', '누구' 등 통신사들이 공격적인 마케팅을 하고 있다. IPTV용 셋톱박스를 이용해서 TV를 보는 분들은 대부분 공감할 것이다. 리모컨이 정말 짜증 나는 도구임을. 지금은 많이 개선되었지만, 그럼에도 일일이 리모컨 버튼을 눌러가며 원하는 채널을 찾고 영화를 검색하는 것은 정말 번거롭고 귀찮은 일이다. "밥 잘 사 주는 예쁜 누나"라고 말하면 바로 콘텐츠를 찾아주면 얼마나 편할까? 음성인식은 정말 이럴 때 필요한 기능이다. 아직은 초기 단계이지만 음성인식 서비스는 수요처가 무궁무진하다. 통신사들이 그 많은 돈을 투자하면서 개발에 열을 올리는 이유는 바로 앞으로의 미래를 내다보기 때문이다.

셀바스AI는 이와 관련된 두 가지 음성인식 기술을 가지고 있다. 셀비STT는 음성을 문자로 변환하는 기술로, 과거 삼성전자 내 음성 사업부였던 'HCILab'을 인수하면서 본격적으로 사업을 시작하였고 금융기관, 교육기관 등에 납품하고 있다. 셀비TTS는 문자를 음성으로 전환하는 기술로 인공지능 스피커와 내비게이션 등에 쓰이고 있다. 이들 제품은 최근 KT 인공지능 스피커 기가지니와 SKT의 누구에 탑재되며 호평을 받고 있다. 인공지능 스피커뿐만이 아니다. 자동차에서도 필수적이다. 음성인식을 통해 오디오를 틀고 내비게이션 목적지를 검색하고 시동도 건다니, 상상만 해도 편리하지 않은가?

VISON
4.0

셀바스AI의 곽민철 대표는 한국 나이로 44살의 아주 젊은 CEO이다. 인천대를 졸업했고 1997년 인프라웨어를 설립하면서 본격적으로 사업을 시작했다. 당시 인프라웨어는 휴대폰용 인터넷 브라우저 사업을 했는데 초기엔 잘 나갔지만 애플 아이폰이 등장하며 스마트폰으로 인터넷의 주도권이 넘어가면서 내리막길을 걷게 됐다. 휴대폰에서는 인터넷 브라우저가 따로 필요했지만 스마트폰은 iOS나 안드로이드에 인터넷 브라우저가 기본으로 탑재돼 있어서 인프라웨어의 브라우저가 설 자리를 잃게 된 것이다. 위기에 봉착한 곽민철 대표는 오피스 프로그램으로 눈을 돌렸다. 모바일용 클라우드 오피스 소프트웨어 '폴라리스 오피스'를 전 세계에 출시하며 사용자 7천만 명을 모았다.

곽 대표는 여기에 안주하지 않고 또다른 출사표를 던졌다. 2011년에 음성인식 분야의 국내 최고 기업인 '디오텍'을 인수한 것이다. 셀바스AI는 여기서 탄생했다. 음성인식을 기반으로 한 인공지능 시장이 커질 것을 예측하고 인프라웨어가 아닌 디오텍을 중심으로 승부를 건 것이다. 현재까지 성적은 A 이상을 줄 수 있다. 음성인식을 기반으로 인공지능과 관련한 수많은 특허를 보유하고 있고, 꼭 필요한 분야에서 실용적인 제품들을 출시한 상태로 성과도 좋다. 진정한 AI 관련주로 앞으로 또 어떤 성장 스토리를 그려나갈지 지켜보자.

로봇 부품 산업에서 세계적 기업으로 부상 중인 에스피지

에스피지는 1991년 설립된 소형 기어드모터 전문 제조업체로 지난 2002년 7월에 코스닥 시장에 상장하였다. 소형 기어드모터는 자동화 시스템 및 가전기기 등에 사용되는 소형 모터에 기어박스 세트^{감속기어}를 부착하여 무거운 것을 운반하거나 들어 올릴 수 있는 힘을 제공하는 제품이다. 현재 이 제품은 반도체, 디스플레이 등을 제조하는 생산라인의 컨베이어 구동, 복사기·자동문·지폐계수기 등 사무자동화, 얼음분쇄기·의료용 침대·정수기·제습기 등의 홈 오토메이션^{Home Automation} 분야에 활용되고 있다.

2016년 11월에는 냉장고, 오븐, 에어컨, 식기세척기 등 가전 기기에 사용되는 소형 모터를 주력으로 생산 판매하고 있는 관계회사 ㈜성신을 흡수합병하면서 가전용 모터 시장에도 진입했다.

최근 에스피지는 산업용 로봇에 쓰이는 특수감속기를 개발하여 생산하기 시작했다. 특수감속기 시장은 일본의 2개 업체가 전 세계 수요의 대부분을 담당하고 있는 독점 시장으로, 에스피지는 우수한 품질과 가격 경쟁력을 기반으로 일본이 장악하고 있는 이 시장에서 새로운 성장 스토리를 쓸 준비를 하고 있다.

일본 기업들의 놀이터에 뛰어든 겁 없는 회사

로봇 하면 어느 나라가 떠오르는가? 독일, 일본, 미국 등 선진국일 것이다. 그중에서도 일본은 자타공인 로봇 분야의 세계 최강국이다. 일본은 인간과 비슷한 휴머노이드 로봇부터 산업용 로봇까지 다양한 로봇 라인업을 구축하고 있으며, 로봇과 관련된 부품 생태계도 잘 갖춰져 있다.

앞서 언급했듯 로봇 부품 중 특수감속기는 현재 일본의 2개 기업이 전 세계 시장의 90% 이상을 독점하고 있으며 이는 일본 부품을 쓰지 않으면 산업용 로봇 자체를 만들 수 없다는 의미이다. 이런 일본 업체들의 독식을 막기 위해 뛰어든 기업이 바로 에스피지이다.

최근 에스피지는 BLDC 모터를 주력으로 생산하고 있다. 날로 심각해지는 미세먼지로 인해 요즘 가장 많이 팔리는 제품이 바로 공기

당신에게 부를 안겨줄 진짜 게임체인저는 누구인가?

청정기이다. 공기청정기에는 BLDC 모터가 필요한데 공기청정기 매출 확대로 에스피지의 BLDC 모터 매출이 큰 폭으로 증가하고 있다. BLDC 모터는 '브러시리스Brushless DC 모터'의 약자로 일반 모터와 달리 브러시가 없어서 마찰이 발생하지 않아 수명이 길고 소음도 적어 가정용 가전제품에 많이 쓰인다. 이 BLDC 모터 기술력을 바탕으로 에스피지는 산업용 로봇 팔에 쓰이는 특수감속기 시장에 뛰어들었고 2018년 6월부터 본격적으로 매출이 발생하고 있다.

산업용 로봇 시장에서 없어서는 안 될 기업으로 성장 중

로봇이라고 하면 대부분이 사람과 비슷한 모습을 하고 있는 사이보그를 떠올릴 것이다. 인간과 비슷한 휴머노이드 로봇들이 과거보다는 많이 탄생하고 있지만 현실적으로 당장 도움이 되는 로봇은 산업용 로봇이다. 선진국은 말할 것도 없고 한국, 중국을 비롯한 신흥국들도 노동력이 비싸지고 고령화되고 있다. 당연히 효율성이 떨어질 수밖에 없고, 그에 따른 생산성 감소는 기업들에게 큰 부담이다.

이를 타개할 가장 좋은 방법은 로봇의 힘을 빌리는 것이다. 전 세계 신발 2위 업체인 아디다스는 이미 로봇을 활용하여 성과를 내고 있다. 연간 100만 켤레를 생산하는 아디다스의 독일 스마트팩토리 상주 인력은 10여 명에 불과하다. 일반 신발공장에서 600명이 매달려야 하는 일을 로봇이 거의 다 해치우고 있다. 기존 20일이 소요되던 맞춤형 신발 생산도 하루 만에 끝낼 수 있어 인간 노동력의 98% 이상이 불필요해졌다. 아디다스와 협력업체들이 아시아 지역에 직간접적으로 100만 명을 고용하고 있다는 점을 고려하면 엄청난 변화가 따를 것으로 예상된다.

로봇 강국인 일본은 산업용 로봇의 최대 공급처이다. 그리고 일본의 저출산·고령화가 로봇 산업의 성장을 더욱 부채질하고 있다. 반면에 산업용 로봇 수요에 있어서는 중국이 글로벌 1등이다. 세계 로봇 매출의 30%를 중국이 차지하고 있고, 한국은 15%, 일본은 14%를 기록하고 있다. 동북아 3국이 50%가 넘는 수요를 차지하고 있는 것이다.

다시 말해, 이제 제조업체들에게 산업용 로봇은 선택이 아닌 필수이다. 아직 한국 기업들이 일본에 많이 뒤처져 있지만, 일부 기업들, 그중에서도 에스피지는 일본 기업과 대등한 경쟁력을 갖추고 있다. 실제로 일본 업체들이 독식하고 있는 특수감속기 시장에 진출하여 공급처를 확대하며 성장 스토리를 써 내려가는 중이다.

특수감속기는 산업용 로봇의 관절에 들어가는 기어의 일종으로, 로봇의 정밀한 움직임을 제어하는 핵심적인 역할을 담당한다. 로봇의 팔을 자유롭게 움직이고 속도 조절을 가능하게 하는 핵심부품이 바로 특수감속기이다. 산업용 로봇 수요가 급증함에 따라 특수감속기 수요 또한 늘어나고 있지만 일본의 2개 업체가 전 세계 시장을 독점하고 있어 공급이 매우 부족한 상황이다. 시장을 독점하고 있는 일본 기업은 나브테스코, 하모닉드라이브시스템즈이다. 특수감속기는 소형과 대형으로 나뉘는데 소형 감속기를 SH감속기라고 하며 중대형 감속기를 SR감속기라고 한다. SH감속기는 일본의 하모닉드라이브시스템즈가 글로벌 90%를 점유하고 있고, SR감속기는 일본의 나브테스코가 80% 이상을 점유하고 있다.

에스피지는 SH감속기와 SR감속기를 모두 생산하고 있다. 대형 특수감속기인 SR감속기는 2018년 6월 반도체 검사장비로 매출이 발생하기 시작했다. 협동 로봇에 쓰이는 소형 감속기인 SH감속기는 2018년 10월부터 로봇 업체들에 제품 공급을 시작할 예정이다.

특수감속기는 산업용 로봇 원가에서 비중이 매우 큰 부품이다. 만드는 업체들이 매우 제한적이라 부품을 적정한 가격에 제때 공급받기가 쉽지 않은 상황이다. 특히 중국 산업용 로봇 제조업체들이 일본 업체들의 판매가 인상과 공급 부족 문제로 골머리를 앓고 있다고 한다. 일본 업체가 아니면 어쩔 방법이 없기 때문에 그들의 요구를 들어줄 수밖에 없다. 중국 기업 입장에서는 에스피지 같은 경쟁자의 등장이 무척 반가울 것이다. 공급자가 많을수록 단가는 낮아지고 공급은 원활해지기 때문이다.

VISON
4.0

에스피지는 이준호 회장이 1991년에 설립한 기업이다. 수입에 의존하던 정밀감속기를 국내 최초로 국산화했다. 이준호 회장은 경영학도 출신인데, 대표이사인 여영길 대표는 공학도 출신이다. 국내에 기어 전문가가 없어서 이 회장은 여 대표를 해외에 보내 관련 기술을 배워오게 했다. 창업을 하게 된 계기는 이렇다. ─이 회장이 일본 거래처에 방문했는데 "한국에서 높은 값에 팔리는 부품이 감속기"라는 관계자의 말을 듣고 직접 조사해보니 감속기는 다 외산 제품이어서 부르는 게 값이었다. 이 회장은 여기서 기회를 포착했다. 아무도 안 하는 사업은 물론 리스크가 크다. 이미 일본 기업들이 장악했기 때문에 정말 좋은 제품을 만들지 못하면 회사 자체가 사라질 수도 있는 상황에서 모험을 한 것이다. 그리고 모험의 결과는 성공적

당신에게 부를 안겨줄 진짜 게임체인저는 누구인가?

이었다. 모터와 감속기 부문에서 점유율을 늘려가며 그 기술력을 인정받고 있다.

이제 이 회장은 다시 한번 모험을 감행하고 있다. 로봇 시장이 커지는 상황에서 25년 전처럼 국산화를 위해 로봇용 특수감속기 시장에 뛰어든 것이다. 여영길 대표는 이를 위해 중국 로봇 기업에 대한 모든 조사를 마쳤다. 중국의 감속기 시장은 2,300억 원 규모로 매년 25% 이상 성장하고 있으며 한국 시장은 중국의 1/10 수준으로 매우 작다. 따라서 중국 시장을 타깃으로 설정하고 총력을 기울이고 있다.

2018년 6월, 일본업체들이 장악한 시장에 국산제품이 드디어 출시되었다. 미래를 준비한다면, 그저 막연한 제4차 산업혁명 관련주가 아니라 에스피지처럼 실제 시장에 뛰어들어 검증을 받은 기업에 더 주목해야 하지 않을까?

5G의 핵심 장비를 제조하는 다산네트웍스

다산네트웍스는 1993년에 설립하여 2000년도에 코스닥 시장에 상장한 유선통신 네트워크장비 업체이다. 국내 이동통신 3사에 주로 납품하고 있으며 세계적으로는 FTTx 시장에서 10위권의 위치를 차지하고 있다. 국내 통신 네트워크장비 회사 중에서는 규모가 큰 편으로 2016년에는 미국 통신장비 업체인 존테크놀러지 Zhone Technologies

를 인수하면서 천억 원 이상 외형을 확장했다. 경쟁사로는 유비쿼스가 있는데, 유비쿼스와 달리 해외 수출 비중이 높다.

보통 통신장비 회사들은 국내 통신 3사의 투자 여부에 따라 매출 변동성이 매우 커진다. 특히 유선통신사들은 VDSL에서 기가 인터넷까지 인터넷망 투자가 있을 때마다 상당한 매출 성장을 이루었으나, 지금은 그러한 유선 투자가 대부분 종료되어 국내에서는 성장 여력이 높지 않다. 이런 상황에서 다산네트웍스는 일찍부터 해외 유선통신장비 시장에 뛰어들어 국내 통신시장의 영향을 상대적으로 덜 받고 있다. 다산네트웍스의 자회사인 나스닥 상장사 다산존솔루션즈는 현재 5G 통신장비인 모바일 백홀 장비를 생산 중이다. 모바일 백

당신에게 부를 안겨줄 진짜 게임체인저는 누구인가?

홀은 무선기지국의 데이터 트래픽을 유선망으로 연결하는 장비로 5G 상용화 시 예상되는 기지국 수 증가와 데이터 트래픽 증가에 대처하기 위해 반드시 필요하다.

◇ 5G 시대의 주인공이 되기 위한 준비

성공리에 끝난 평창 동계올림픽에서 기억에 남는 건 사실 많지 않다. 영미를 외치던 컬링 대표팀, 아이언맨 헬멧을 쓰고 금메달을 딴 윤성빈, 그리고 로봇과 5G! 이번 동계올림픽에서 한국은 5G를 세계 최초로 구현했으며 이를 활용한 방송 화면을 송출하였다. KT는 싱크뷰_{소형 액션캠을 활용해 플레이어의 시점에서 촬영한 영상을 중계에 활용}, 옴니뷰_{태블릿으로 중계를 보는 시청자가 자신이 원하는 카메라를 선택해가면서 경기를 볼 수 있게 하는 중계기술}, 타임슬라이스_{영화 〈매트릭스〉에서 총알을 피하는 찰나의 모습을 정지화면 또는 초슬로모션으로 여러 각도에서 보여주는 것처럼 100대의 카메라가 동시에 경기를 찍고 있다가 결정적인 한 장면에서 선수의 움직임을 다양한 각도로 돌려서 자세히 볼 수 있게 하는 기술} 등 다양한 5G 신기술을 선보였다.

먼 미래로 여겨졌던 5G가 이렇듯 우리 눈앞에 성큼 다가온 상황이다. 4G는 스마트폰 등 모바일에서 빠른 속도로 동영상을 보거나, 게임을 하거나, 보다 선명한 통화를 하기 위해 필요한 기술이다. 이에 비해 5G는 현재 우리 스마트폰에서는 굳이 없어도 그만인 기술이다. 하지만 스마트폰이 종착점은 아니지 않은가? 스마트홈, 자율주행차 등의 미래 사회 구현을 위해서는 5G가 필수적이다.

그렇다면 5G는 무엇이며 왜 중요한가? 앞장에서도 말했지만, 다시 한번 간단히 정리하겠다. 5G는 사물과 사물 간의 통신을 위해 필요한 기술이다. 사람과 사람 간의 통신을 위해서는 4G 기술이면 충분하다. 하지만 사물 간의 연결을 위해서는 빠른 통신 속도, 빠른 응답 속도가 필수적이다. 5G는 4G보다 70배 빠르며 응답속도도 10배 빠르다.

한국을 비롯해 글로벌 각국이 5G 투자에 매우 적극적인 이유는 5G가 제4차 산업혁명 시대를 여는 필수요소이기 때문이다. 사물인터넷, 자율주행차, 스마트팩토리 등 제4차 산업혁명과 관련하여 개발된 기술이 아무리 훌륭해도 5G가 없으면 아무것도 할 수 없다. 스마트폰에서 3G나 4G가 안 된다면 그게 스마트폰일까? 그냥 전화기일 뿐이다. 5G는 제4차 산업혁명의 전제 조건이다. 때문에 세계 각국에서 정부 차원의 대규모 투자를 시작하고 있는 것이다.

한국은 이미 2018년 6월에 5G 주파수 경매를 마치고, 2019년 3월부터 5G 서비스를 조기 상용화할 예정이다. 2022년까지는 전국망 구축을 목표로 하고 있다. 정부와 통신사 주도로 5G에 대한 투자 속도가 빨라지고 있는데 이에 따른 수혜는 역시 통신장비 업체들이 가장 크게 받게 될 것이다.

당신에게 부를 안겨줄 진짜 게임체인저는 누구인가?

국내 대표 통신장비 회사 중의 하나인 다산네트웍스는 유선통신장비 업계의 강자이다. 국내 통신장비 업계의 맏형으로서 VDSL, 기가 인터넷 등 초고속 인터넷 시대를 주도한 주인공 중의 하나이다. 5G 시대를 맞아 다산네트웍스는 모바일 백홀과 초저지연 스위치 개발을 통해 5G 시대에도 주인공이 되기 위한 준비를 하고 있다.

먼저 모바일 백홀부터 살펴보자. 백본Backbone이란 데이터를 모아 빠르게 전송할 수 있는 대규모 전송회선을 말한다. 백홀이란 스마트폰 등 사용자의 인터넷 접속기기로부터 취합된 데이터를 앞서 설명한 백본망으로 연결하는 시스템이다. 5G에서는 기존 데이터 수요가 더욱 커지고 IoT용 통신까지 추가되면서 대용량의 백홀이 필요할 수밖에 없다. 다산네트웍스는 이 부문의 선두주자로서 최근에는 자회사 다산존솔루션즈가 MWC 2018에서 신제품을 공개했다. 모바일 백홀 솔루션이 그것인데 무선기지국 데이터를 유선망으로 연결하는 장비로 5G 통신에서 핵심적인 역할을 할 것으로 기대하고 있다.

두 번째 핵심 장비는 초저지연 스위치이다. 5G의 핵심은 빠른 응답속도이다. 예를 들어 자율주행차에 4G가 아닌 5G를 활용하는 이유는 응답속도 때문이다. 4G에 비해 10배나 빠르기 때문에 순간순간 반응이 매우 중요한 자동차 운행에서 5G의 빠른 응답속도는 필수적이다. 4G를 이용할 경우 차가 반응해서 정지하기까지 5초라는 시간이 걸린다면, 5G에서는 즉시적인 응답이 가능해 1초 안에 차를 정지시킬 수 있다. 생명과 직결되기 때문에 응답속도는 두 번 강조해도 지나치지 않다.

이렇게 빠른 응답속도를 가능하게 하는 기술이 바로 초저지연 기술이다. 그리고 사물 간의 통신에서 전달 시간을 매우 짧게 만들어주는 장비 중의 하나가 바로 초저지연 스위치이다. 최근 국내 통신사들이 장비 입찰 제안서를 준비하면서 초저지연 스위치의 중요성을 언급하고 있어 주목받고 있다. 다산네트웍스는 초저지연 스위치 개발에 가장 적극적인 기업으로 가시적 성과가 기대된다.

VISON
4.0

다산네트웍스의 창업자는 남민우 회장이다. 우리나라 1세대 벤처기업가이자 벤처기업협회 명예회장으로, IMF 때 미국 실리콘밸리에서 아이디어를 얻어 인터넷 네트워크장비 사업을 시작했다. 다산네트웍스는 이더넷 스위치와 광통신장비 등을 잇달아 국산화하고 통신사에 납품하면서 본격적으로 성장하기 시작했다. 2008년 금융위기로 인해 큰 고생을 했지만지속적인 변화와 도전으로 슬기롭게 이를 헤쳐나갔다.

남 회장은 국내 유선통신장비 사업이 한계에 달하자 사업 다각화를 시도했다. 2011년 소프트웨어 업체인 핸디소프트를 인수했고 다음 해엔 자동차부품업체인 디엠씨도 사들였으며 플랜트 기업인 디티에스를 인수하면서

당신에게 부를 안겨줄 진짜 게임체인저는 누구인가?

그룹의 면모를 갖추게 되었다. 또한 2016년에는 미국 나스닥에 상장된 존 테크놀로지를 인수했다(현재의 다산존솔루션즈Dasan Zhone Solutions). 북미와 유럽, 중동에서 높은 평가를 받고 있는 기업을 인수함으로써 아시아에 집중된 영업망을 세계 각지로 분산시켰다.

한계가 생기면 새로운 돌파구를 찾고 변화를 추구하는 남민우 회장의 다산네트웍스. 5G 시대가 성큼 다가왔지만 준비된 자만이 기회를 얻을 수 있다. 5G 핵심장비 제조로 다음 시대를 준비 중인 다산네트웍스를 주목해보자!

5G 시대의 안정적 성장이 기대되는 케이엠더블유

케이엠더블유는 1991년 설립된 무선통신장비 제조 전문기업으로 RRH소형기지국, 안테나, 주파수 필터 등을 생산한다. 2012년에는 LED 조명 사업에도 진출했지만 사업 부진으로 지금은 스포츠 경기장 조명 시장에만 집중하고 있다. (LED 조명 사업의 비중은 10%대에 불과해 기업가치에 큰 영향을 주지 않는다.) 케이엠더블유가 영위하는 사업의 핵심은 통신장비이다. 3G에서 LTE로 넘어가던 시기, 통신사들의 대규모 무선장비 투자로 큰 폭의 성장을 기록한 이후 통신사의 설비 투자 감소로 몇 년간 적자를 기록했다. 2019년 5G 상용화를 앞두고 대규모 무선통신 관련 투자가 시작될 것이고 2018년부터는 실적 정상화가 예상된다.

5G와 관련한 동사의 핵심 모멘텀은 안테나와 필터이다. 5G는 고주파를 사용하고 4G에 비해 대용량의 네트워크를 처리해야 하기 때문에 상당히 많은 양의 안테나와 필터가 필요하다. 케이엠더블유의 주요 고객사는 삼성전자, 알카텔루슨트, 중국의 ZTE 등이며 글로벌 선두 업체들을 주요 고객으로 확보하여 안정적 성장이 기대된다.

5G 통신망 확충을 위해 반드시 필요한 기술을 보유

2018년 6월 5G용 주파수 경매가 끝났다. 현재 5G용으로 경매가 확정된 주파수 대역은 28GHz와 3.5GHz 대역이다. 4G LTE의 주력 주파수는 1.86GHz, 2.16GHz, 2.6GHz 등으로 저주파 대역이다. 5G는 대용량의 데이터를 처리해야 하고 속도도 빨라야 하기 때문에 고대역의 주파수가 필요하다. 그런데 고주파는 저주파에 비해 전파의 도달 거리가 짧고 통신망이 커버할 수 있는 범위가 좁아 음영 지역이 생기는 치명적인 단점을 갖고 있다.

비유하자면, 5G는 고속도로이고 4G는 국도와 같다. 수많은 자동차들이 고속으로 주행하는데, 다만 경부고속도로처럼 왕복 10차선이 아닌 왕복 4차선 정도로 좁다고 보면 된다. 그래서 이 차선^{커버리지}을 10차선까지 넓혀주는 게 핵심이다.

케이엠더블유 홈페이지

　　고주파의 약점인 짧은 주파수 거리를 해소하기 위해서는 많은 수의 기지국 건설이 필요하다. 가장 좋은 방법은 기지국에 다수의 안테나를 설치하는 방법이다. 이걸 매시브 미모MASSIVE MIMO(Multi-in, Multi-out)라고 한다.

　　매시브 미모는 기존에 구축된 통신설비를 추가로 설치하지 않고 기존 기지국의 업그레이드를 통해 데이터 용량과 속도를 향상시키는 기술이다. 그러면서 동시에 여러 개의 송신out과 수신in을 한다는 개념이다. 매시브 미모를 하게 되면 그 기지국 사용자에게 신호를 집중하기 때문에 전력을 아낄 수 있다. 안테나 수도 많기 때문에 다른 사용자들에 대한 간섭을 줄일 수 있다는 장점도 있다.

앞서 말했듯 5G 통신망의 최대 약점은 통신이 가능한 범위가 좁다는 점인데 통신이 연결되지 않는 음영 지역을 최소화하기 위해서는 결국 기존 기지국에 많은 수의 안테나를 설치하는 것이 가장 좋은 방법이다. 안테나의 길이는 파장 간 길이에 반비례한다. 고주파일수록 파장 간 길이가 길다. 당연히 5G의 안테나는 기존 4G보다 길이가 짧아진다. 그로 인해 다수의 안테나가 하나의 기지국에 촘촘히 밀집될 수 있어 안테나 수요는 폭발적으로 늘어날 가능성이 있다.

앞으로 더욱 늘어날 소형기지국과 더불어 주력 제품인 안테나, 필터 수요도 5G 시대를 맞아 급격히 증가할 전망이다. 따라서 케이엠더블유는 5G 시대의 진정한 수혜 기업이라고 할 수 있다.

VISON
4.0

케이엠더블유의 대표이사는 김덕용 회장이다. 서강대 전자공학과를 나온 그는 대영전자, 대우통신, 삼성휴렛팩커드를 거치며 이 분야에서 상당한 경험을 쌓았다. 그러던 중 무선통신시장의 잠재력을 보았고, 1991년 집을 팔아 마련한 5천만 원을 가지고 서울 구로공단에 12평짜리 사무실을 차리며 사업을 시작했다. 그 당시 김덕용 회장은 20년 후에 이 작은 사무실이 2천억 원이 넘는 회사가 될 것이라고 상상이나 했을까? 첫 성과는 1993년에 나왔다. 삼성전자가 휴대폰 기지국 송신기에 들어가는 스위치를 주문하면서부터였다. 가격도 싸고 품질도 좋았다. 이를 바탕으로 케이엠더블유

당신에게 부를 안겨줄 진짜 게임체인저는 누구인가?

는 도약했지만 IMF로 다시 위기에 봉착했다. 국내 시장의 한계를 느낀 그는 해외 시장으로 눈을 돌렸고 해외 유명업체들의 눈도장을 받게 된다. 수출 비중은 크게 늘어났고 대규모 적자에도 불구하고 연구개발을 공격적으로 하면서 투자를 지속했다. 이후 까다로운 일본 NTT도코모에도 납품하게 됐고 국내 시장까지 본격적으로 개화하면서 실적도 좋아졌다. 3G, 4G와 관련한 통신사들의 대규모 투자가 이어졌고, 한국이 시장을 선도하면서 케이엠더블유도 본격적인 결실을 맺게 되었다.

이제 5G의 달콤한 열매를 따먹을 시기가 다가왔다. 적자를 감내한 대규모 연구개발 투자로 기지국, 안테나, 필터 분야에서 큰 폭의 매출 성장이 기대된다. 케이엠더블유는 5G 시대의 또 다른 주인공이 아닐까?

사물인터넷 분야에서 기대되는 현대통신

현대통신은 1998년에 설립된 기업으로 스마트홈 시스템 및 LED 조명 사업을 주력으로 하고 있다. 스마트홈 시장은 아파트가 대중화되면서 본격적으로 시작되었다. 방문객을 확인할 수 있는 비디오폰 보급이 급격히 늘어나면서 더욱 진화한 형태의 홈 오토메이션이 아파트에 속속 설치되었다. 인터넷과 모바일의 보급이 확대되면서 원격 조정을 통해 가정에 있는 각종 전자제품들을 제어할 수 있는 홈 네트워크 시장도 형성되었다. 현대통신은 홈 오토메이션 시장의 형성 초기부터 3대 통신사와 적극적으로 제휴하면서 업계 1위 사업자가 되었다.

매출액의 60% 이상이 스마트홈 관련한 사물인터넷 부분에서 발생하고 있고 무인경비, 디지털도어록, CCTV 등 시큐리티 부문에서도 일정한 매출을 내고 있다. 스마트홈 매출 비중이 절대적이기 때문에 주택 경기가 실적에 가장 큰 영향을 미친다. 현재 건설 중인 대부분의 아파트에는 스마트홈 서비스가 기본적으로 들어가 있어 주택 분양이 늘어날수록 매출액은 비례해서 증가하게 된다. 2015년부터 이어진 분양 호조로 매출액은 2015년 787억 원에서 2017년 1,174억 원으로 급증했고 영업이익도 2015년 86억 원에서 2017년 176억 원으로 급증했다.

현대통신은 30%대 점유율로 시장 1위 업체이며 경쟁사로는 코콤, 아이컨트롤스, 삼성SDS 등이 있다.

◈ IoT의 기초편, 스마트홈 분야의 국내 선두주자

IoT, 즉 사물인터넷은 말 그대로 사물 간의 통신을 뜻한다. 사물끼리 대화를 주고받는 것이다. 지금까지는 인간이 개입해야만 사물이 작동을 했다. 자동차도 사람이 키를 눌러야 문이 열렸고 시동도 걸수 있었다. IoT 환경에서는 인간의 개입 없이 사물끼리 정보를 주고받으면서 스마트하게 일을 처리하게 된다. 자동차 키 버튼을 누르지 않아도 키가 자동차에 근접하면 문이 열리고, 운전자가 운전석에 앉아서 안전벨트를 매면 자동으로 시동이 걸린다. 시키지 않아도 스마트하게 작업이 진행되는 것이다.

몇 년 전만 해도 IoT라는 용어가 낯설었지만 이제는 마치 영희나 철수처럼 익숙하다. IoT는 진화하고 있고 점점 더 가까워지고 있다. 다보스 포럼 내 글로벌 어젠다 회의Global Agenda Council에서 800여 명의 전문가를 대상으로 한 설문 결과, 2025년까지 1조 개의 IoT 센서가 연결될 것이라고 말한 응답자가 전체의 89%를 차지했다. IoT의 대중화가 얼마 남지 않은 것이다.

앞으로 본격화될 IoT 시대에서 가장 먼저 적용될 시장은 우리에게 익숙한 가정house이다. 즉, 스마트홈이다. 스마트홈은 IoT 환경을 이용하여 각종 가전제품이나 집안의 기기들을 스마트하게 제어하는 것을 의미한다. IoT의 중심 단말기는 스마트폰으로 이를 사용하여 TV, 실내 조명, 가스레인지, 보일러, 창문, 공기청정기 등을 집안 환경에 최적화된 조건으로 자동 제어할 수 있다.

2014년 5월, 구글은 스마트가전 업체 네스트를 3조 원이 넘는 가격에 인수했다. 네스트는 와이파이를 이용하여 온도를 조절하는 장치를 제조한 업체로, 이 회사가 개발한 주택 온도 조절장치는 인공지능

스마트홈과 스마트보안 등의 서비스를 선보이고 있는 현대통신 / 출처 : 현대통신 홈페이지

을 통해 최적의 온도 수준을 찾아 제어한다. 고작 온도 조절하는 장치를 만드는 기업을 구글은 무려 3조 원이나 주고 산 것이다. IoT 그리고 스마트홈 시장의 향후 성장성에 비싸지만 과감하게 베팅했다고 볼 수 있다.

그럼 이제부터 스마트홈 분야의 선두주자 현대통신의 제품들을 알아보자.

첫 번째는 홈 네트워크이다. 가정에서 쓰이는 모든 전기·전자제품을 시스템 하나로 연결하여 쌍방향 통신을 할 수 있게 만든 장치를 의미한다. 건축 연도가 오래되지 않은 아파트에는 이 같은 홈 네트워크가 기본으로 설치되어 있다. 공동현관·세대현관의 방문자 영상확인, 세대 간 영상통화, 부재중 방문자 영상확인, 침입·가스 감지 및 경보, 조명·가스·냉난방기 제어, 스마트폰 원격제어, 택배·차량 도착 알

당신에게 부를 안겨줄 진짜 게임체인저는 누구인가?

림, 주차위치 확인, 환기제어 등 다양한 기능을 수행한다. 사실 IoT란 그리 거창한 게 아니다. 필자의 집에도 이러한 홈 네트워크가 거실 벽면에 있고 매일 사용하고 있다. 특히 아침 출근 시 홈 네트워크를 통해 엘리베이터를 자동으로 호출할 수 있는데 정말 편리하다.

두 번째로 소개할 제품은 스마트 도어벨이다. 방문객이 집 앞에서 벨을 누르면 스마트폰과 연결되며 방문자를 녹화하고 실시간 영상통화도 가능한 기기이다. 택배 배달 촬영, 침입자 자동녹화 등 IoT를 활용하여 집에 있지 않아도 방문객과 소통을 할 수 있다. 이러한 기능은 소규모의 가게를 운영하는 사장님들에게 정말 유용하지 않을까? 가게를 잠시 비울 때 스마트 도어벨이 있다면 손님이 방문했을 때 바로 스마트폰으로 연락이 올 수 있어서 편리하게 운영할 수 있을 것이다.

IoT의 기초이자 기본이라고 할 수 있는 스마트홈 분야에서 현대통신은 1위 사업자로서 안정적인 성장을 지속하고 있다. 2015년에는 SK텔레콤과 제휴를 통해 스마트홈 서비스를 시작했다. IoT의 핵심은 통신인데 1위 사업자와의 협력은 스마트홈 시장에서 현대통신의 입지를 더욱 넓혀 줄 것이다.

현대통신은 1998년 현대전자(과거 SK하이닉스)에서 홈 오토메이션 사업 부문이 분사하여 설립되었다. 이내흔 회장이 대표를 맡았는데 당시만 해도 현대건설에서 하청 물량을 받는 중소기업에 불과했다. 이내흔 회장은 부임 후 현대통신의 성장을 본격화하기 위해 독자 브랜드 개발에 착수했고 홈 네트워크 시장에 승부수를 걸었다. '이마주'라는 브랜드를 선보였고 현대건설을 비롯한 여러 건설회사와의 협력 관계를 통해 지속적으로 수주를 따내며 2005년부터 국내 1위 사업자로 올라섰다. 이내흔 회장은 사업 초기에 "아무리 기능이 많고 우수한 제품이라도 사용법이 복잡하면 없는 것만 못하다. 어린이와 노인도 쉽게 쓸 수 있도록 사용법을 단순화하는데 초점을 맞추고 있다"라고 말한 바 있다. 이처럼 기술력도 좋지만 실제 사용자 입장에서 제품을 만드는 데 초점을 맞추고 있다. 사물인터넷이라는 용어조차 생소했던 시기에 이미 스마트홈 구현을 위해 매달려온 현대통신이 앞으로 또 어떻게 진화할지 궁금해진다.

3D 프린터가 대중화된다면 가장 뜰 기업, 하이비전시스템

하이비전시스템은 휴대폰 카메라모듈 검사장비 제조업체로 이 분야에서 세계적인 경쟁력을 보유한 기업이다. 삼성전자, LG이노텍 등 굴지의 대기업 제조사들을 고객으로 확보하고 있다. 스마트폰 시장이 최근 정체된 흐름을 보이고 있지만 카메라 시장은 다르다. 스마트폰에 탑재되는 카메라가 기본 2개^{전면 1개, 후면 1개}에서 3개^{전면 1개, 후면 2개}로 늘어났고 최근에는 카메라 5개^{전면 2개, 후면 3개}가 탑재된 스마트폰^{LG V40 ThinQ}도 출시되었다. 탑재되는 카메라모듈이 많아지면서 하이비전시스템의 검사장비 매출도 급증하고 있다. 스마트폰에 들어가는 카메라 수가 늘어날수록 검사 수요도 증가할 수밖에 없다. 하이비전시스템은 비전카메라와 레이저게이지를 통하여 카메라모듈 검사 및 제작 장비에 특화된 알고리즘을 갖고 있는데 이러한 비전인식 기술을 기반으로 세계 최고의 카메라모듈 검사장비 업체가 되었고, 여타 스마트폰 부품 업체들이 고전하고 있는 상황에서도 여전히 차별화된 성장을 이어가고 있다.

이 회사는 스마트폰 관련 사업에 집중된 사업구조에서 탈피하기 위해 신규 장비도 지속적으로 개발하고 있다. 3D 프린터와 3D 스캐너 장비가 대표적인데 자회사 ㈜큐비콘^{지분 83% 보유}을 통해 관련 사업을 수행한다. 신제품 3D 프린터 '큐비콘 싱글'은 영국의 3D 프린터 판매처인 아이메이커 사와 공식 판매계약을 체결하였고 미국과 유럽 시장에 진출하였다. 하이비전시스템만의 특화된 기술인 비전인식기술과 액티브 얼라인^{Active-Align} 기술을 활용하여 높은 경쟁력을 확보한 3D 프린터는 향후 3D 프린터 시장이 대중화될 때 가장 큰 수혜를 받을 것이다.

하이비전시스템 홈페이지

3D 프린터, 어디까지 왔으며 미래 전망은?

일반적인 프린터는 X, Y축을 이용하여 평면에 프린트를 하는데 비해 3D 프린터는 Z축이 추가되어 입체적인 형태의 프린트를 한다. 또한 플라스틱, 금속분말, 모래 등 다양한 재료를 이용하여 프린트가 가능하고 수정도 바로 가능하여 제조업의 혁신을 가져올 수 있는 기기 중의 하나이다.

아직 3D 프린터는 비싼 가격, 재료의 한계 등으로 대중화되지는 못하고 있다. 현재 주로 사용되는 곳은 연구기관이나 학교로, 교육용 등의 간단한 시제품을 만드는 데 활용되고 있지만 아직 제대로 된 시장이 형성되지 않아 대중적인 제품을 생산하는 데에는 시간이 필요하다. 하지만 3D 프린팅 기술이 발전하면서 우리 생활에 필요한 제품들도 하나둘씩 만들어지고 있다.

대표적인 분야가 헬스케어이다. 과거에는 고체 플라스틱 재료를 이용한 방식으로 제품을 생산하다 보니 대형제품 위주로 생산이 되었다. 최근에는 액체 형태의 재료를 사용한 방식이 사용되면서 치과용 임플란트, 인공보형물 등 정교한 작업을 요하는 헬스케어 제품들이 3D 프린터를 통해 제작되고 있다. 일례로 호주 멜버른의 리처드 스트래튼은 사고로 왼쪽 턱에 문제가 발생하여 음식을 먹을 때마다 매우 고통스러웠다고 한다. 그러던 중 3D 메디컬 리미티드Medical Limited 사가 3D 프린팅된 맞춤형 티타늄 임플란트를 제공했고, 이 임플란트 수술을 받은 후 얼굴 모양도 정상적으로 바뀌고 음식도 편안하게 먹을 수 있게 되었다. 이처럼 인공보형물 같은 경우 사람마다 형태가 달라 맞춤제작이 필수인데, 맞춤에 가장 최적화된 방식이 바로 3D 프린팅이다. 반지, 귀걸이 등의 주얼리 제품 역시 3D 프린터를 통해 생산이 가능하다. 주얼리 제품은 개개인의 요구 사항에 맞게 제작하는 경우가 많으므로 3D 프린터의 활용 가능성이 매우 높다.

그런가 하면 제조업 대표 분야인 자동차 산업에서도 활용도가 높아지고 있다. 세계적인 슈퍼카 브랜드인 부가티는 3D 프린팅을 이용하여 더 가벼운 브레이크 캘리퍼를 개발하였고, 중국 회사 폴리메이커Polymaker와 이탈리아 자동차 제조업체 XEV는 최근 3D 프린팅 기술을 사용한 자동차를 제작하였다. 새시, 앞유리 및 타이어와 같은 일부 부품만 기존 방법으로 제작하고, 남은 부분은 모두 3D 프린팅을 통해 생산한다고 하는데 무게는 겨우 450kg이고 플라스틱 부품의 수도 2,000여 개에서 57개로 크게 줄였다. 2019년부터 본격 양산에 들어간다. 이제 자동차도 3D 프린터로 생산하는 시대가 눈앞에 다가온 것이다. 물론 검증이 필요하겠지만 3D 프린팅을 통한 제조업의 혁신은 이미 시작되었다.

노즐 제어와 분사 분야에서 세계 최고 수준

국내의 3D 프린터 시장은 아직 협소하다. 현재 시장점유율 1위 업체는 신도리코이고, 2위 업체가 큐비콘이다. 앞서 언급했듯 큐비콘은 하이비전시스템의 자회사이다. 큐비콘은 하이비전시스템의 높은 기술력을 바탕으로 3D 프린터를 제조하고 있다. 3D 프린터에 대한 이해를 위해 3D 프린터의 기술 방식 2가지를 알아보자.

첫째는 FFF Fused Filament Fabrication이다. FFF 방식은 가장 시장 규모가 크고 대중적인 방식의 프린팅 기술이다. 가는 실 형태의 열가소성 플라스틱을 노즐 안에서 녹여 얇은 필름 형태로 출력하는 방식이다. 세계 1위 업체인 미국의 스트라타시스 Stratasys가 개발했고 ABS, 폴리아미드, 폴리에틸렌, 왁스 등 다양한 원료를 사용한다. 세계 3D 프린

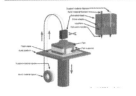

FFF, FDM
(Fused Deposition Modeling)

FFF 방식에 관에 관한 설명
/ 출처 : 하이비전홈페이지

터 시장의 73%를 차지할 정도로 시장 규모가 크고, 다양한 소재를 적용할 수 있으며, 대형화에 유리하다는 장점이 있다. 하이비전시스템의 큐비콘 시리즈는 이러한 FFF 방식의 기술을 채용한 제품이다.

두 번째는 DLP^{Digital Light Processing}로, DLP 3D 프린터는 액체 상태의 광경화 수지에 조형하고자 하는 모양의 빛을 DLP에 투사하여 적층하는 방식을 의미한다. 액체라서 작고 정밀한 제품 제작이 가능하고 제작속도도 FFF에 비해 매우 빠르며 현재 메디컬^{치아} 및 주얼리 관련 제품 생산에 주로 쓰이고 있다. 하이비전시스템은 FFF에 이어 DLP 방식의 프린터까지 개발하면서 국내에서 유일하게 2가지 방식의 3D 프린터를 제조하고 있다.

그런데 3D 프린터에서 가장 중요한 것은 위에서 설명한 구동방식이 아니다. FFF든 DLP든 제품에 따라 거기에 맞는 방식으로 생산하면 된다. 중요한 것은 노즐을 제어하고 분사하는 기술이다. 노즐 제어와 분사가 잘 돼야 질 좋은 제품이 만들어지기 때문이다.

하이비전시스템은 비전인식과 액티브 얼라인 기술에 있어서 세계 최고 수준의 경쟁력을 보유하고 있다. 액티브 얼라인 기술은 제어기

4차 산업혁명, 무엇을 알고 어디에 투자할 것인가

술 중에서 가장 난이도가 높은 기술로, 3D 프린터의 노즐 분사 시 정밀도를 높여 경쟁사들 대비 월등한 정밀도 표현이 가능하다. 큐비콘 싱글 모델 제품은 액티브 얼라인 기술을 이용하여 세계 최초로 출력 베드가 자동으로 수평을 맞추는 오토레벨링 기술을 구현, 정밀도를 최상으로 유지할 수 있다.

◇ 3D 프린터 소모품 시장은 플러스알파

3D 프린터 시장은 연평균 20%씩 성장하고 있고, 관련된 산업 규모는 2011년을 기준으로 2019년까지 273% 성장할 것으로 전망된다 출처 : Wohlers Associates. 면도기 회사인 질레트가 면도기보다 면도날을 팔아서 막대한 이익을 얻고 있듯, 프린터 제조업체들도 프린터 매출보다는 프린터에 필요한 소모성 제품인 카트리지를 통해 상당한 이익을 얻고 있다. 3D 프린터 분야 역시 마찬가지가 될 것이다. 3D 프린터에 기초 소재로 들어가는 플라스틱 레진, 수지 등은 사용량이 엄청나다. 또한 노즐도 소모성이기 때문에 주기적으로 교체가 필요하다. 이러한 레진, 노즐 등은 3D 프린터 제조사 제품을 사용해야 하기 때문에 부가적인 매출 창출이 가능하다.

하이비전시스템은 2002년에 탄생했다. 한창 월드컵 열기로 뜨거웠던 해, 최두원 대표이사는 3명의 멤버들과 함께 단출하게 사업을 시작했다. 당시는 카메라를 탑재한 휴대폰이 뜨던 시대로, 카메라모듈 제작 수요가 급증하고 있었다. 최 대표는 이 카메라모듈의 불량을 검사하는 장비에 승부수를 던졌고 지금은 세계적인 카메라모듈 검사장비 회사가 되었다.

최 대표는 아남전자에서 HDTV를 개발하며 일을 시작하였고 1995년에는 현대전자에서 각종 이미지센서를 개발했다. 반도체 구조조정이 한창이던 2002년에 회사를 나온 그는 급증하던 휴대폰 카메라 수요를 보고 휴대폰용 카메라 시장에 뛰어들었다. 여러 부침이 있었지만 꾸준히 성장을 이어오던 하이비전시스템은 2000년대 후반 LG이노텍과 거래를 시작했는데 이게 뜻하지 않게 로또 1등 복권이 되었다. 2009년부터 LG이노텍이 애플 아이폰에 들어가는 카메라모듈을 생산하게 되면서 하이비전시스템의 검사장비가 채택된 것이다. 애플에 카메라모듈을 납품하는 협력사는 여러 업체로 늘어났지만 검사장비는 모두 하이비전시스템 제품을 쓰고 있어 아이폰의 진정한 수혜주라고 할 수 있다.

매년 꾸준한 성장세를 보였지만 최 대표는 스마트폰 관련 장비 업체로서 스마트폰 시장의 경쟁 강화와 성장 둔화라는 약점을 보완하기 위해 승부수를 던졌다. 2012년부터 3D 프린터 개발을 시작했고, 2014년에 첫 번째 제품인 '큐비콘 싱글'을 공개했다. 큐비콘 싱글은 290만 원대의 저가형 모델로 초기 판매가 호조를 보이면서 성공적인 데뷔를 하였다.

3D 프린터 시장의 미래 전망은 밝다. 하지만 기술적 난이도로 인하여 참여 업체는 제한적이다. 하이비전시스템은 카메라모듈 검사장비 제조를 통해

3D 프린터의 핵심기술을 보유하고 있었고 이를 응용하여 3D 프린터를 개발하였다. 3D 프린터 시장의 성장을 믿는다면 하이비전시스템은 주저 없이 선택해야 할 기업이다.

모빌리티 분야에서 주목해야 할 한컴MDS

한컴MDS는 임베디드 시스템 개발과 관련된 토탈 솔루션을 공급하는 업체이다. 임베디드 시스템이란 일반적인 컴퓨터를 제외한 자동차, 모바일, 스마트 TV, 의료기기 등 다양한 기기 안에 내장되어 특정 기능을 수행하는 컴퓨팅 시스템이다. 그리고 임베디드 소프트웨어는 OS, 미들웨어, 애플리케이션 소프트웨어 등으로 분류되는데 한컴MDS는 미들웨어를 제외한 OS와 애플리케이션 소프트웨어 사업을 하고 있으며 매출의 대부분은 OS 부문에서 나온다. 실제로 미국 마이크로소프트 임베디드 OS가 전체 OS 매출의 70%를 차지하고 나머지는 자동차와 국방·항공이 차지하고 있다.

한컴MDS는 임베디드 개발 솔루션 사업도 하고 있는데 이는 소프트웨어의 오류를 찾고 수정하여 생산성을 향상시킴으로써 적기에 제품을 출시하고 품질을 향상시키는 데 도움을 주는 솔루션이다. 임베디드 개발 솔루션 사업은 한컴MDS가 영위하는 사업 중 이익률이

한컴MDS 임베디드 솔루션 활용 산업 / 출처 : 한컴MDS

가장 높은 사업으로 주요 수요처는 자동차와 국방·항공 관련 기업이다. 주요 고객사는 현대차그룹, LG전자, 삼성전자, 만도, LIG넥스원 등이며 대기업 외에도 1,500여 개의 기업에 납품한다. 상위 10개 고객사 비중이 약 28% 수준으로 고객 다변화가 강점이다.

한컴MDS의 임베디드 소프트웨어 부문 중에서는 자동차 부문의 성장세가 매우 가파른데, 최근 3년간 10% 이상의 고성장을 기록했을 정도이다. 자율주행, 커넥티드카, 스마트카 등 차세대 자동차에게는 전장부품이 필수적이며 따라서 임베디드 소프트웨어가 반드시 필요하기 때문이다. 국방·항공 부문에서는 자체 개발한 네오스를 공급하여 수익성이 개선되었고 항공기 개발 증가 등으로 안정적인 성장을 지속하고 있다. 또한 IoT 부문은 IoT 시장 확대로 인한 디바이스

4차 산업혁명, 무엇을 알고 어디에 투자할 것인가

증가와 스마트팩토리 확산으로 새로운 성장동력이 되고 있다.

현재 한컴MDS의 성장동력은 자동차가 가장 핵심이지만 항공, 국방, 스마트팩토리, 가전, 사물인터넷 등 제4차 산업혁명과 관련된 모든 분야에서 임베디드 솔루션의 수요가 늘어나고 있기 때문에 선두업체로서 향후에도 꾸준한 성장을 기대할 만하다.

◈ 자동차 산업의 대세인 자율주행차의 핵심 기술을 보유

스마트카, 자율주행차, 커넥티드카, 전기차, 수소차 등 진화된 형태의 차들이 매일 언론기사에 노출되고 있다. 기존의 내연기관 자동차는 이젠 구시대 제품으로 밀려나는 분위기이고, '카'나 '차'라는 글자 앞에 스마트, 친환경, 자율주행 같은 멋진 용어가 붙어야 뭔가 있어 보이는 시대이다. 천문학적인 적자를 내고 있는 테슬라의 기업가치가 매년 4조 원의 이익을 내는 현대차보다 크고, 자동차 공유 플랫폼으로 시장을 선도하고 있는 우버의 기업가치가 자동차 제조사들의 기업가치보다 큰 현상이 발생하고 있다. 즉, 자동차 시장의 주도권이 바뀐 것이다. 기존의 전통적인 자동차 메이커가 아니라 공유 플랫폼, 스마트카, 자율주행차, 친환경차를 선도하는 신흥기업들이 시장의 새로운 주인공으로 떠올랐다.

이렇듯 진화된 자동차 시장에서도 핵심은 자율주행차이다. 사람이

당신에게 부를 안겨줄 진짜 게임체인저는 누구인가?

조작하지 않아도 자동차 스스로 판단해서 운행하는 자율주행차에는 각종 센서, 반도체, 인공지능, 클라우드, 5G, 카메라 등 첨단 기술들이 집약되어 있다. 최첨단 기술의 집합소라고 불러도 될 만큼 말이다. 자율주행차는 구글의 웨이모처럼 완성차가 나왔지만 관련 법규, 인공지능을 위한 데이터 축적, 5G 통신환경 구축 등 자율주행을 하기 위한 인프라 구축이 완벽하게 갖춰지지 않아서 당장 거리로 뛰쳐나와 운행할 수 있는 상황이 아니다. 하지만 미국을 비롯하여 한국의 판교 등 세계 각지에서 자율주행 시범 서비스 및 테스트가 이루어지고 있어서 이미 산업의 성장은 시작되었다고 봐야 한다.

자율주행에 필요한 여러 가지 기술 중에서 가장 중요한 것 중의 하나는 V2X 기술이다. 이에 한컴MDS는 V2X를 차세대 먹거리로 선정하고 V2X 개발에 공격적인 투자를 하고 있다.

과연 V2X^{Vehicle-To-Everything}가 무엇이길래 한컴MDS가 적극적으로 투자하는 것일까? 자율주행을 위해서는 자동차와 자동차, 자동차와 인프라 간의 양방향 통신이 원활하게 이루어져야 한다. 자율주행의 단계에 따라 필요한 기술 수준이 달라지는데, 이를 간단히 살펴보자. 우선 V2V^{Vehicle-To-Vehicle}는 무선통신을 이용하여 차량과 차량이 서로 주행이나 교통 상황 등의 정보를 실시간으로 주고받는 기술이다. 우리가 운전을 할 때 가장 중요한 것은 앞차와 뒤차이다. 앞차와

4차 산업혁명, 무엇을 알고 어디에 투자할 것인가

::: V2X 기술을 활용한 교통 서비스 :::

분야	핵심기능	내용
기본정보 수집 · 제공	위치기반 차량 데이터 수집	차량 단말기로부터 차량의 상태정보와 위치정보, 운행정보를 수집하고 센터 서버에 저장
	위치기반 교통정보 제공	센터에서 가공된 소통정보 등 위치 기반의 교통정보를 도로 주행하는 차량 단말기에 제공
요금징수	스마트 통행료 징수	유료도로 통행의 경우 요금지불을 위해 정차하지 않고 속도를 유지하면서 지불
안전운전 지원	도로 위험구간 정보제공	잠재적 위험 및 실시간 돌발상황에 대비해 전방 상황정보 및 안전운행정보 제공
	노면상태, 기상정보 제공	주행에 위험을 끼치는 노면 상태나 기상정보 및 안전운행정보 제공
	도로 작업구간 주행 지원	주행 중인 도로의 작업 상황과 관련하여 상황정보 및 안전운행정보 제공
교차로 안전지원	교차로 신호위반 위험 경고	교차로 통과 차량에게 교차로 신호정보 가공을 통해 사고발생 신호위반 피해 예방
	우회전 안전운행 지원	교차로 접근로 주행차량이 우회전하는 경우 발생되는 상충에 기인하는 충돌사고 예방
대중교통 안전지원	버스 운행관리	버스 운행정보 수집 등 실시간 버스 운행 관리를 통해 운송서비스 품질 및 안전성 증대
	옐로우버스 운행 안내	옐로우버스 승하차 운행상황을 주변차량에 전파해 주의 운전 유도
보행자 상시케어	스쿨존, 실버존 속도 제어	스쿨존 진입차량에게 경고와 규정속도 운행을 유도하고 실시간 운영 및 안전정보 제공
	보행자 충돌방지 경고	교차로 또는 도로구간 주행 시 횡단 보행자 및 자전거와 충돌사고 예방
차량 간 사고 예방	차량 추돌방지 지원	차량 위험 상황이나 저속차량에 의한 차량 상황을 실시간 수집 및 통보하여 2차 사고 예방
	긴급차량 접근경고	긴급차량의 구난, 구조현장 도착시간 단축을 위해 긴급차량 주행상황을 전방차량에 전달
	차량 긴급상황 권고	도로 주행차량의 고장과 사고발생으로 뒤따르는 차량의 직접 또는 2차 사고 예방

자료 : 신영증권

당신에게 부를 안겨줄 진짜 게임체인저는 누구인가?

간격을 맞춰야 하고, 앞차의 상황을 통해 교통 흐름을 감지해야 한다. 그래야 내 차의 움직임을 통해 뒤차도 상황을 감지하고 운전하게 된다. 완전 자율주행은 운전자가 개입하지 않으므로 V2V 기술을 반드시 필요로 하며, 무선통신으로 차량끼리 정보를 공유함으로써 원활하게 자율주행을 할 수 있다. 한편 V2I Vehicle-To-Infrastructure는 차량과 도로 인프라 간의 통신을 말한다. 이 기술을 통해 차량은 날씨, 도로 상태, 표지판, 신호등, 교통량, 대중교통의 운행상황 등 도로 상 각종 데이터를 실시간으로 받고 이를 통해 가장 안전한 운행을 할 수 있게 된다.

자율주행은 그 수준에 따라 총 5단계로 나뉘는데, 완전 자율주행은 가장 마지막 단계이며 그 전 단계까지는 운전자의 개입이 필요하다. 즉, 운전자의 개입이 없는 완전 자율주행을 위해서는 V2X와 인공지능이 필수적이다.

많든 적든 인간 운전자의 조작이 필요한 레벨0~3의 자율주행은 현재 기술만으로도 충분하다. 인공지능이나 V2X 기술이 없어도 된다. 이에 비해 완전 자율주행은 수많은 데이터를 학습하고 취득한 인공지능을 필요로 하며, 이 인공지능의 판단에 도움이 되는 정보를 실시간으로 전달해줄 수 있는 V2X 기술이 또한 반드시 뒷받침되어야 한다. (위의 표 외에 37페이지의 표를 함께 참조하라.)

••• 자율주행 레벨별 필요기술 •••

단계	레벨0	레벨1	레벨2	레벨3	레벨4
응용기술	FCW, LDW, BSD	LKA, ACC, AEB	TJA, HDA	오토파일럿	V2V, V2I, V2X, 인공지능
기술수준	충돌경고, 차선이탈 경고	특정조건에서 개별 기능 작동	고속도로에서 차량간격과 속도조절	운전자 개입 없이 일정 경로 자율주행	완전한 자율주행

앞서 언급했듯 한컴MDS의 임베디드 솔루션 매출의 대부분은 자동차 부문에서 나온다. 최근 국내 완성차, 자동차 부품회사들의 자율주행 투자 확대로 한컴MDS의 임베디드 솔루션 매출이 확대되고 있고, 세계적인 자동차 회사들이 주로 사용하는 자동차용 OS인 오토사의 국내 독점사업권을 갖고 있어 시장 확대로 인한 큰 수혜가 예상된다. 여기에 글로벌 V2X 1위 기업인 코다와이어리스의 국내 독점사업권을 확보했고 국내 대표 부품사들로의 공급이 기대되고 있다. 또한 2017년 11월에는 40억 원을 주고 산업용 자율이송 로봇과 자율주행 로봇제어 기술을 보유한 코어벨을 인수했다. 이를 통해 지능형 로봇 개발을 위한 기술은 물론 서비스 및 완제품 공급이 가능해짐에 따라 소프트웨어와 하드웨어를 모두 보유한 로봇 업체로도 진화가 가능할 것으로 보인다.

한컴MDS는 자율주행 하면 가장 먼저 떠오르는 엔비디아의 국내 파트너 사이기도 하다. 오래전부터 엔비디아에 임베디드 소프트웨어를 납품했고, 2017년에는 자율주행에 필요한 AI컴퓨팅 플랫폼 '엔비디아 젯슨'에 임베디드 솔루션을 공급하기 시작했다. V2X 솔루션, ADAS첨단 운전자 지원시스템 솔루션도 개발 중으로 자율주행 선도 기업인 엔비디아와의 시너지 효과가 기대된다.

지금까지 알아보았듯, 한컴MDS의 주력은 임베디드 소프트웨어 및 솔루션이다. 제4차 산업혁명의 핵심 키워드는 '스마트'이다. 스마트하기 위해서는 필요한 기능을 수행할 수 있는 임베디드 시스템이 기기 안에 설치되어 있어야 하고, 이를 실행할 수 있는 임베디드 소프트웨어가 장착되어야 한다. 임베디드 솔루션 없이는 스마트라는 단어를 붙일 수 없으며, 임베디드 솔루션이 없다면 연구소 등 산업 현장의 개발 솔루션은 모두 멈출 수밖에 없다.

그러므로 한컴MDS는 제4차 산업혁명의 핵심 기업이라고 단언할 수 있다. 특히 매우 높은 경쟁력을 보유한 자동차용 임베디드 솔루션과 V2X 솔루션은 가장 강력한 무기가 될 것이다.

한컴MDS의 창업자는 김현철 전(前)사장이다. 1990년대, 국산 소프트웨어 개발에 대한 요구 증가로 대부분의 업체들은 소프트웨어 개발에 매달렸다. 그런데 김현철 사장은 달랐다. 소프트웨어를 개발할 수 있는 임베디드 솔루션에 주목한 것이다. 국내에는 관련 기술이 없었기 때문에 미국의 마이크로소프트, IBM 등이 보유한 우수한 소프트웨어의 국내 사업권을 획득하여 적극적으로 보급하였다.

한컴MDS의 이전 회사명은 MDS테크이다. 1994년에 한국MDS라는 사명으로 설립되어 1990년대 후반 안랩, 이스트소프트 등 대표 소프트웨어 기업들과 함께 주목받기 시작했다. MDS테크는 1990년대 후반 휴대폰에 대한 수요가 폭증하던 시기에 'TRACE32'라는 솔루션을 독일에서 수입하여 한국 상황에 맞게 개선한 제품을 출시하였다. 휴대폰의 대중화를 예측하고 휴대폰 개발에 필요한 소프트웨어를 수입하고 개선하여 이 시장을 선점한 것이다. 당시 대부분의 휴대폰 제조업체들은 MDS테크의 솔루션을 이용하여 휴대폰을 개발하였다. MDS테크 제품을 사용해야만 신제품 개발이 가능할 정도로 굉장한 영향력을 가지고 있었다. 1998년에는 마이크로소프트의 윈도 임베디드 OS를 국내에 공급했는데 이때부터 매출액이 큰 폭으로 증가하였다. 솔루션 판매에 덧붙여 컨설팅, 교육, 유지보수까지 통합적으로 제공하며 본격적인 고성장을 이뤄냈다.

물론 위기도 있었다. 모바일 시장이 피처폰에서 스마트폰으로 넘어가면서 매출이 급격하게 감소했던 것이다. 그러나 자동차 부문에 대한 투자로 위기를 타개했다. 2004년부터 자동차용 소프트웨어 개발 및 투자를 시작했는데, 스마트폰이 대중화된 현재 자동차용 매출비중은 40%에 달한다. 모바

당신에게 부를 안겨줄 진짜 게임체인저는 누구인가?

일의 공백을 훌륭하게 메꾼 것이다.

2014년 한글과컴퓨터에 인수되면서 MDS테크에서 한컴MDS로 사명이 바뀌었지만 MDS테크 고유의 DNA는 그대로 남아있다. 한컴MDS는 20년간 국내 임베디드 산업을 이끈 주역이다. 모바일, IoT, 국방·항공, 자동차, 스마트팩토리 등 제4차 산업혁명의 시대에 더욱 활용성이 높아지고 있는 임베디드 소프트웨어 시장의 주인공으로 또 한 번의 도약을 꿈꾸고 있다.

4차 산업혁명 무엇을 알고 어디에 투자할 것인가

초판 1쇄 인쇄일 2018년 10월 29일 • 초판 1쇄 발행일 2018년 11월 5일
지은이 안석훈, 배정훈, 파우스트
펴낸곳 도서출판 예문 • 펴낸이 이주현
등록번호 제307-2009-48호 • 등록일 1995년 3월 22일 • 전화 02-765-2306
팩스 02-765-9306 • 홈페이지 www.yemun.co.kr
주소 서울시 강북구 솔샘로67길 62(미아동, 코리아나빌딩) 904호

ISBN 978-89-5659-352-4

NEWSY S

대한민국 주식투자? 뉴지스탁이면 끄ㅡ읏!

대한민국 10대 핀테크 기업이 제공하는 빅데이터 기반 대한민국 주식 분석 서비스!

[4차 산업혁명, 무엇을 알고 어디에 투자할 것인가]

구매 고객에게 무조건 드립니다.
이제 대한민국 주식은 뉴지스탁에 맡기세요!

베이직 1개월 10만원 쿠폰

NEWSYMRG1811 ▶

· 뉴지스탁 홈페이지에서 바로 사용 가능합니다.
  이용 방법은 뉴지스탁 공식 블로그 또는 QR코드를 확인해주세요.
· 본 쿠폰은 뉴지스탁 아이디 1개당 1회 사용이 가능합니다.